U0504599

管理者认知视角下
企业开放式创新效果研究

郭 尉 著

上海三联书店

前　言

　　激烈的市场竞争环境下,创新来自于多样的知识、经验等资源的重组。然而,知识是广泛分布的,任何一家企业都无法掌握市场上的所有知识。企业想要通过创新来获得及维系自身的长期竞争优势,就必须重视外部异质性知识资源的利用。外部知识搜寻作为企业获得创新所需知识的重要途径而备受企业界和学术界关注。文献梳理来看,现有研究主要关注于外部知识搜寻内涵的辨析、前置影响因素以及产生的后果三个问题。外部知识搜寻内涵的辨析方面,管理学领域对于外部知识搜寻的研究是建立在组织搜寻,创造性搜寻等研究基础上,进一步地细化、聚焦发展而来的,基于不同的研究视角,学者们对外部知识搜寻内涵的理解以及维度的划分各异,并未形成明确、统一的共识;外部知识搜寻影响因素方面,学者们仅仅关注了外部环境由于情境变换、可获得资源提供、政府管制措施等方面的变化而对企业外部搜寻的方向与空间产生的影响,而对于影响企业外部知识搜寻的微观个体层面因素的研究较为缺乏;外部知识搜寻与企业创新绩效之间关系方面,相关研究大多聚焦于两者间的直接作用,而对于企业外部知识搜寻影响创新绩效的中间机制的研究明显不足。

针对现实情境下的理论缺口与实践需求,本书认为,(1)对于外部知识搜寻这一核心概念的探讨,应当基于一种更为系统且统一的观点展开。在企业外部知识搜寻的现有相关实证研究中,将外部知识搜寻界定为外部知识资源的搜寻活动或行为的观点得到了相对广泛地认同;根据企业创新活动对不同外部知识源利用程度进一步地将外部知识搜寻划分为外部知识搜寻深度与广度,能够加深对外部知识搜寻内涵与外延的理解,因此成为目前外部知识搜寻研究中最为普遍的观点。这种观点为本书所涉及的外部知识搜寻与企业创新之间关系的探究提供了可靠的理论基础;(2)对于影响外部知识搜寻的前置因素方面,应当重视管理者的重要作用。管理者作为企业决策的主体,承担着对环境和组织的主动思考、及时有效的响应以及调整企业行为的责任,而管理者认知又被认为是研究管理者认知影响企业行为的关键着眼点。因此,基于管理者认知视角,关注企业外部知识搜寻与创新活动,能够对现有企业外部知识搜寻的相关研究进行补足与完善;(3)对于企业外部知识搜寻与企业创新绩效关系的探究方面,资源基础理论与和交易成本仅仅阐述了企业外部知识搜寻过程中直接产生的溢出收益与付出的搜寻成本,但无法解释企业外部知识搜寻行为影响企业创新绩效的具体作用机制。组织双元理论作为一种新兴的管理学理论,产生于复杂动态的环境背景,用以解决管理学领域的各种悖论。由组织双元理论引申而来的双元能力被广泛地用于表示一个企业能够同时开展看似对立的、竞争的性的能力。基于组织双元理论与资源外取思想,本书将外部知识搜寻作为企业构建、维系探索能力与利用能力的平衡型双元、缓解企业二元张力冲突的重要途径。

总体而言,本书尝试回答以下五个子问题:(1)管理者认知对企业外部知识搜寻有怎样的影响？（2）外部知识搜寻与企业创新绩效之间的有怎样的直接关系？（3）外部环境不确定性对外部知识搜寻与企业创新绩效关系的有怎样的调节作用？（4）双元能力与企业创新绩效之间有怎样的关系？（5）外部知识搜寻如何通过影响双元能力，从而对企业创新绩效产生影响的？

综合运用理论研究、层次回归分析等研究方法，以定性研究和定量研究相结合，本书将对上述问题展开深入研究。通过多元线性回归方法对 325 家企业进行的实证检验结果支持了本文所提出的大部分研究假设：

（1）本书将外部知识搜寻划分为外部知识搜寻深度与外部知识搜寻广度两个维度，并基于 Entropy 指数提出了外部知识搜寻的科学测量方法。研究结论得出，外部知识搜寻深度对企业创新绩效有非线性的倒 U 型影响，外部知识搜寻广度对企业创新绩效有显著的正向影响；引入外部环境不确定性作为调节变量的层次回归分析结果显示，外部环境不确定性对外部知识搜寻深度与企业创新绩效之间的关系具有负向调节作用，外部环境不确定性对外部知识搜寻广度与企业创新绩效之间的关系具有正向调节作用。

（2）管理者认知的不同维度对企业外部知识搜寻有不同的影响，管理者认知集中性对外部知识搜寻深度有显著正向影响；管理者认知复杂性对外部知识搜寻广度存在正向的影响作用；管理者认知复杂性对外部知识搜寻深度存在负向的影响作用。

（3）引入双元能力作为中介变量的实证分析结果显示，外部知识搜寻的不同维度对双元能力及企业创新绩效有着不同的直接影响作用，外部知识搜寻深度对双元能力有非线性的倒 U 型影响，双元能力对外部知识搜寻深度与企业创新绩效之间关系具有部分中介作用；外部知识搜寻广度对双元能力也具有倒 U 型的影响作用，双元能力对外部知识搜寻广度与企业创新绩效之间关系具有部分中介作用。

上述研究结论深化了外部知识搜寻对企业创新绩效影响机制的理解，使得本书具有了一定的理论与实践意义。总的来说，本书在以下三个方面进行了深化和拓展：

第一，从管理者角度提出并验证了管理者认知对企业外部知识搜寻的重要影响作用。本书基于管理者认知视角，以管理者认知的知识结构整体特征为依据将管理者认知划分为管理者认知集中性与管理者认知复杂性两个维度，提炼了管理者认知集中性与管理者认知复杂性概念内涵，阐述了管理者认知影响外部知识搜寻理论观点，并通过进一步地实证分析与检验，明确了管理者认知对企业外部知识搜寻的重要影响作用。基于微观个体层面的管理者认知这一前置影响因素的实证探讨，丰富了外部知识搜寻的定量研究，为之后对外部知识搜寻问题进一步的探索提供一定的参考和借鉴意义。

第二，基于权变的思路，构建并验证了外部环境不确定性对外部知识搜寻与企业创新绩效关系的调节作用。本书强调了外部知识搜寻对企业创新绩效的重要影响作用。在深入探讨了外部知识搜寻深度、外部知识搜寻广度这两个维度的外部知识搜寻活动与企业创新绩效之间关系的基础上，引入了外部环境不确定性这一重要外生调节变量，阐述了外部不确定性对外部知识搜寻与企业创新绩效关系的调节作用，并得出了外部知识搜寻的不同维度在不同的外部环境条件下的不同表现的研究结论。所得结论进一步明晰了外部知识搜寻与企业创新绩效之间关系，丰富了现有相关研究，同时也深化了对外部知识搜寻活动价值的思考，为企业的开放式创新实践带来了新的启示。

　　第三,引入双元能力变量,结合组织双元理论,创造性的构建了"外部知识搜寻——双元能力——企业创新绩效"的研究框架,提出并验证了双元能力作为外部知识搜寻影响企业创新绩效的中介机制的理论构思。这个研究视角是对"外部知识搜寻——企业创新绩效"这一直接效应的突破与完善,弥补了现有研究对外部知识搜寻与企业创新绩效两者之间关系中间机制论述的不足。外部知识搜寻影响企业创新绩效的中间机理的探讨帮助打开了外部知识搜寻影响企业创新绩效的黑箱,所得出结论为外部知识搜寻与企业创新的关系研究提供了新的有益的见解,也为企业创新的实践提供了新的启示。

Introduction

In fierce market competition environment, innovation comes from resource reorganization of diverse knowledge and experience. Knowledge distributes widely. No enterprise can grasp all knowledge in the market. Enterprises must pay attention to using of external heterogeneous knowledge resources if they want to cultivate and maintain long term competition advantages through innovation. External knowledge searching has attracted wide attention from business and academic circle for it is an important way to get required knowledge for enterprises. From literature teasing, existing researches mainly focus on connotation analysis, antecedent influence factors and consequences. As to connotation analysis of external knowledge searching, researches in management field are based on organization and innovation searching, and develop from further refining and focusing. From different research perspectives, scholars have different understanding on its connotation and dividing dimensions. There is no clear and uniform consensus. As to influence factors of external knowledge searching, scholars only pay attention to influence on direction and space of external knowledge searching from change of external environment like situation change, resource supply change, and government control measure change, but do not pay much attention to microcosmic individual level. As to relationship between external knowledge searching and performance of enterprise innovation, most researches focus on their direct effect, but do not pay too much attention to intermediate mechanism for external knowledge searching to influence performance of enterprise innovation.

Aiming at theory gap and practice demand in reality, this research believes that, (1) The discussion of core concept of external knowledge searching should be based on a more systematic and uniform point of view. In existing empirical researches about external knowledge searching, the viewpoint that defines external knowledge searching as searching activity of external knowledge resource is widely accepted. Researches which divide external knowledge searching into searching depth and breadth according to using degree of enterprise innovation activity on different external knowledge resources are the most general. This connotation analysis viewpoint provides reliable theoretical basis for this research to define external knowledge searching, and deepens understanding of connotation and extension of external knowledge searching. (2) As the subject of enterprise decision, administrators bear responsibility to initiatively think about environment and organization, response and regulate enterprise behavior in time. Administrator cognition is regarded as the key to study its influence on enterprise behavior. Therefore, paying attention to administrator cognition, enterprise external knowledge searching, and innovation activity will complement and perfect existing researches about external knowledge searching. (3) As to relationship between enterprise external knowledge searching and performance of enterprise innovation, resource-based theory and transaction cost only expound direct overflow earnings and search cost during external knowledge searching process, but can not explain specific function mechanism how external knowledge searching influence performance of enterprise innovation. As an emerging management theory, organizational ambidexterity comes from complex and dynamic environmental background, and is used to solve all kinds of paradoxes in management field. Ambidextrous competence, which is expounded from organizational ambidexterity, is widely used to represent enterprise's ability of simultaneously carrying out opposite and competitive activities. Based on organizational ambidexterity and external resource thinking, this research regards external knowledge searching as important way to construct enterprise, maintain exploration competence and balanced ambidexterity of utility ability, and remit binary tension conflict.

In general, this research tries to answer following five sub-problems: (1) how administrators' cognition influences enterprise external knowledge searching? (2) What is the direct relationship between external knowledge searching and performance of enterprise innovation? (3) How does external environment uncertainty regulate relationship between external knowledge searching and performance of enterprise innovation? (4) What is the relationship between ambidextrous competence and performance of enterprise innovation? (5) How external knowledge searching influences performance of enterprise innovation through influencing ambidextrous competence?

By comprehensively using theoretical research, hierarchy regression analysis method and combining qualitative research and quantitative research, this paper deeply studies above problems. The empirical inspection result on 325 enterprises through MLR supports most research hypothesizes in this paper:

(1) This research divides external knowledge searching into external knowledge searching depth and breadth, and proposes scientific measurement method of external knowledge searching based on Entropy index. The research result shows that, the influence of external knowledge searching depth on performance of enterprise innovation is in nonlinear inverted U shape. External knowledge searching breadth has significant positive impact on performance of enterprise innovation. The hierarchy regression analysis result of introducing external environment uncertainty as regulated variable shows that, external environment uncertainty has negative regulating effect on relationship between external knowledge searching depth and performance of enterprise innovation, while positive regulating effect on relationship between external knowledge searching breadth and performance of enterprise innovation.

(2) Different dimensions of administrator cognition have dif-

ferent influences on the external Knowledge searching. Administrator cognition centrality has significant positive impact on external knowledge searching depth. Administrator cognition complexity has positive impact on external knowledge searching breadth. Administrator cognition complexity has positive impact on external knowledge searching depth.

（3）The empirical analysis result of introducing of ambidextrous competence as mediating variable shows that, different dimensions of external knowledge searching have different direct influences on ambidextrous competence and performance of enterprise innovation. External knowledge searching depth has nonlinear inverted U shape impact on ambidextrous competence. Ambidextrous competence plays part of intermediation on relationship between external knowledge searching depth and performance of enterprise innovation. External knowledge searching breadth has inverted U shape impact on ambidextrous competence. Ambidextrous competence plays part of intermediation on relationship between external knowledge searching breadth and performance of enterprise innovation.

Above research conclusion deepens understanding on mechanism of how external knowledge searching influences performance of enterprise innovation, and gives certain exploration significance to this research. Generally speaking, this research will deepen and expand from following three aspects:

Firstly, this research comes up with and verifies the important influence function of administrator cognition on enterprise external knowledge searching from administrator perspective. This research divides administrator cognition into administrator cognition centrality and complexity, extracts connotation of administrator cognition centrality and complexity, states the viewpoint that different dimensions of administrator cognition influence external knowledge searching, makes further empirical analysis and test, and clarifies important influence function of administrator cognition on external knowledge searching. Based on empirical discussion on antecedent factor of administrator cognition in microcosmic individual level, this research enriches quantitative research of external knowledge searching, and provides certain reference significance for further exploration of external knowledge searching in the future.

Secondly, this research constructs and verifies the regulating function of external environment uncertainty on relationship between external knowledge searching and performance of enterprise innovation based on contingency idea. On the basis of deeply exploring relationship between external knowledge searching and performance of enterprise innovation in dimensions of external knowledge searching depth and breadth. The conclusion further clarifies the relationship between external knowledge searching and performance of enterprise innovation, enriches existing researches, deepens thinking on value of external knowledge searching, and brings new enlightenment for open innovation practices of enterprises.

Thirdly, this research introduces the variable of ambidextrous competence theory, combines organizational ambidexterity theory, creatively construct research framework of "external knowledge searching-ambidextrous competence-performance of enterprise innovation", comes up with and verifies the theory conception that ambidextrous competence is an intervening mechanism for external knowledge searching to influence performance of enterprise innovation. This research perspective is the breakthrough and perfection of direct effect "external knowledge searching-performance of enterprise innovation", and makes up the gap in intermediate mechanism of relationship between external knowledge searching and performance of enterprise innovation. The discussion on intervening mechanism of external knowledge searching influencing performance of enterprise innovation opens up the black box of influence from external knowledge searching on performance of enterprise innovation. The results provide new and beneficial understanding on relationship between external knowledge searching and enterprise innovation, and gives new enlightenment for enterprise innovative practice.

目　录

6. 结论、启示与展望

1. 绪　论

1.1　研究背景

1.1.1　现实背景

20 世纪 90 年代以前,企业所处环境基本上可以看作是稳定且可预测的。基于传统的资源基础观,实力雄厚的大企业凭借垄断或独特的资源进行内部封闭式的研发以构筑防御竞争对手、新进入者的壁垒,维持自身竞争优势,提高核心竞争力。例如,AT&T(美国电话电报公司)、杜邦、施乐、索尼等全球知名企业依赖于自然垄断或规模经济,通过设置内部专用研究实验室,采取内部封闭式研发策略,在各自领域进行了大量的开创性研究,建立了强大的核心竞争能力,获得了超额利润;创新的产品、技术又能够为这些企业创造新的机遇或规模经济,由此形成一个良性的循环回路。内部研发的规模及边界限制为企业带来了纵深集成化的创新路径,即拥有中央实验室的大企业将研发活动全部内化,在企业内部进行新产品的开发和研制,通过对隶属于企业的分销商提供服务、资金、技术支持,将产品推向市场。这种纵深集成化路径帮助这些企业实现了规模经济、取得行业领导地位、不断巩固自身竞争优势,从而成为了大企业关键性的活动和策略。

随着经济的全球化演进、信息技术的飞速发展,企业所面临的竞争环境变得愈加复杂且充满不确定性。高度竞争的商业环境中,创新作为企业构建与维持企业长期竞争优势的关键性作用愈发显著。然而,创新源的配置格局随着竞争环境的变动也发生了深刻地变化:一方面,网络信息化的高速发展与广泛普及,加快了资源的流动与扩散速度,先行者优势难以保持;另一方面,高等院校、科研院所发展良好、科研成果丰富,知识垄断被打破,创新所需的资源、知识要素在更大范围内配置。产品与技术创新面临的不确定性风险越来越高,封闭式的创新循环逻辑面临着技术的复杂性与集成融合程度不断提高,企业创新投入不断增大,创新成本不断增加的挑战以及消费者市场需求多样化、复杂化、个性化特征显著,产品和服务的商业化推广加速,技术以及产品生命周期越来越短的挑战。风险投资蓬勃发展,风险投资机制的不断完善,越来越多的新创企业、孵化企业的创新成果成功实现了商业化,大型企业对行业、市场的垄断不断被颠覆。传统资源基础观遭遇边界,内部资源的有限性常常导致企业的创新需求难以得到满足。即使拥有充分的创新资源保障、独立研发能力,企业也必须考虑资源的机会成本和使用效率。学者们开始注意到知识资源(知识资本、知识产权、技术诀窍等)对传统的物资资源的替代作用。Grant(1996)指出,知识是创新的核心要素。然而,知识是广泛分布的,任何一家企业都无法掌握市场上的所有知识。在激烈的市场竞争环境下,创新是来自多样的知识、及经验等资源重组,企业想要通过创新来培养并维系自身长期竞争优势,必须重视外部异质性知识的有效搜寻、获取与利用。企业外部知识搜寻逐渐成为企业获取多样化知识、激发企业新思维的主要途径(Chesbrough,2003)。作为一种具有重要意义和潜在价值的创新源泉,企业边界以外创新所需知识的搜寻将内部知识主导的封闭式循环过程逐渐变为由客户、供应商、高等院校、科研院所、政府部门、咨询机构以及其他行业企业等外部知识源共同完成的开放式流动过程。

伴随着移动互联技术的发展,各类研发中心、创业孵化器、创新平台涌现,我国企业所处的创新资源环境的开放程度越来越高,创新来源多渠道、多样化特征越来越明显。创新资源分配格局的改变,对于起步较晚,技术相对落后的我国大多数企业而言,正是进行后发赶超的关键时机。正如 Kogut(1988)所言,外部知识搜寻是获取与学习其他组织知识的有效途径,多样且异质的知识像滚雪球一样在企业内部不断增加,企业对新知识获取的速度越来越快,企业创造知识的能力增强。因此,在创新资源环境日益开放的情境下,我国企业必须认识并重视外部的创新知识源的利用,将内部知识线型主导的创新思维转变为多渠道、全方位的多样化知识搜寻,促进有价值的外部知识的内化与储存。

高层管理人员作为企业的智囊和决策者,决定着企业的战略选择与决策执行(King,Tucci,2002;Rodenbach,Brettel,2012)。那些具有远见卓识的管理者常常能够带领公司走出困境,获得创新上的重大突破,及时把握甚至创造机会,赢得市场,例如,保洁公司前任 CEO 阿兰·乔治·雷富礼提出希望保洁公司能够在外部创意搜寻方面取得更大地进步,因而推出了著名的 C&D 计划,通过开展全球范围内的知识分享、创意搜寻,在最短的时间内从外部搜寻到了丰富多样且新颖的问题解决方案,使得保洁公司在 2002 年至 2007 年间提升了 42% 的营业收入和 84% 的营业净利润。然而,贝恩公司的一项调查发现,三分之二以上的高管承认外部创意搜集蕴藏着"巨大的机会",但公司的表现并没有"接近最大潜力"

(Rigby,Zook,2002)。熊彼特强调,创新活动是企业家的个人行为,其自身的教育经历、工作经验、创新意愿以及知识结构是企业创新行为的内在驱动力(Schumpeter,1942)。因此,作为解读外部环境信息、制定内部决策的关键环节,管理者对于企业行为及能力的构建具有重要的引导作用。面对充满变数的外部环境,管理者必须立足于企业实际,迅速识别潜在的威胁与机遇,帮助企业制定有效的决策,进而引导企业不断调整能力结构,既要充分利用现有资源的也要进行不断的新资源探索,进而确保企业短期的生存以及长远的发展。

综上所述,外部知识搜寻活动能为企业提供创新所需的知识资源,有效替代成本高昂、风险巨大的独立研发(Katrak,1997)。本书将重点关注管理者认知对外部知识搜寻的前置影响作用以及外部知识搜寻如何通过影响双元能力而作用于企业创新绩效,以期为企业培养或选拔合适的管理人员,制定恰当的外部知识搜寻策略,提供有益的指导以及新的管理启示。

1.1.2 理论背景

一些学者早已认识到外部其他组织作为企业创新所需知识来源的重要意义。现有研究明确了企业边界以外知识资源对于企业创新的重要性,肯定了企业外部搜寻这一获取异质性创新资源的有效途径,并基于不同的视角对企业外部知识搜寻划分了维度,加深了对企业外部知识搜寻的理解。Quintas,Lefrere,Jones(1997)强调,企业作为一个知识集合体并不能包含创新所需的全部知识,因此,企业创新需要突破既有边界,充分利用外部知识资源。Nelson,Winter(1982)指出,外部知识搜寻使得企业能够通过整合重组内外部知识资源来实现新知识的创造。Chesbrough(2003)认为,内部研发高风险、高耗时等特征使得封闭式创新所能实现的创新收益不断下滑。企业不应再孤注一掷地实施高成本的内部研发,而是采取广泛地跨边界搜寻,获取和吸收外部多样化创意,降低创新风险,提高创新速度,以实现创新目标收益。总体看来,外部知识搜寻是当前企业创新领域研究的热点。

关于影响企业外部知识搜寻的因素方面,为数不多的研究中,学者们仅仅关注了外部环境由于情境变换、可获得资源提供、政府管制措施等方面的变化而对企业外部搜寻的方向与空间产生的影响。对于微观个体层面因素的影响作用的探究相对缺乏。正如加利·约翰逊等人(2000)所指出的,当前管理学问题的研究过度关注于那些非人性的东西,如探讨外部不确定性、复杂性等外生性变量对企业行为的种种影响,而涉及到企业中的个体的分析仍处于初步阶段。管理者作为企业决策的主体,承担着对环境和组织的主动思考、及时有效的响应以及调整企业行为的责任。因此,管理者对于企业外部知识搜寻的影响作用应当予以重视。Hamel,Prahalad(1994)在他们的研究中强调,分析不确定性、复杂性管理问题时,应当特别注意管理者认知的作用。戴汝为(1998)认为,在未来的管理学领域的研究中,获取成功的有效途径是对有关于"认知"的研究与应用。学者们普遍认为,管理者认知是研究微观个体层面的管理者影响企业行为的关键着眼点(Lewin,Volberda,1999;Sharma,2000;Atuahene-Gima,Yang,2008;Bingham,Haleblian,2008;White,Varadarajan,Dacin,2003;吴晓波,彭新敏,丁树全,2008)。因此,本书认为,基于管理者认知视角,关注企业外部知识搜寻,能够对当前企业外部知识搜寻相关研究进行补足与完善。

在企业外部知识搜寻与创新绩效关系的探究方面,现有围绕企业外部知识搜寻的相关研究大多关注于外部知识搜寻对企业创新绩效的直接影响,而对于企业外部知识搜寻影响创新绩效的中间机制的研究略显不足。基于资源基础理论与交易成本理论,学者们探究了外部知识搜寻对企业创新绩效的直接影响(Gulati,1999;Afuah,2000;Rothaermel,2001;Inkpen,Tsang,2005)。一方面,通过企业外部搜寻而来的知识资源增加了企业现有知识的多样性,提升了企业所能提供的问题解决方案的新颖性,有利于企业创新绩效的提高;另一方面,由于信息不对称,不仅搜寻的过程将会产生较高的成本,而且一旦引入失败更会导致更高的成本损耗,因而,企业外部知识搜寻将对企业创新绩效的获取产生一定的负面影响。资源基础理论与和交易成本仅仅阐述了企业外部知识搜寻过程中直接产生的溢出收益与付出的搜寻成本,无法解释企业外部知识搜寻影响创新绩效的具体作用机制。企业外部知识搜寻的相关实证研究常常是在对外部知识搜寻进行维度划分后,进而展开详细的探讨。其中,将外部知识搜寻划分为深度与广度的方式的研究最为普遍。在企业中,深度主导的外部知识搜寻与广度主导的外部知识搜寻被视为具有竞争性、对立的企业行为(March,1991)。组织双元理论作为一种新兴的管理学理论,产生于复杂动态的环境背景,用以解决管理学领域的各种悖论。由组织双元理论引申而来的双元能力被广泛地用于表示一个企业能够同时开展看似对立的、竞争的性的能力。因此,企业外部知识搜寻的深度与外部知识搜寻的广度可能通过影响企业的双元能力,进而影响企业创新绩效(He,Wong,2004;Atuahene-Gima,2005;Tanriverdi,Venkatraman,2005)。

综上所述,本书将通过关注外部知识搜寻的前置影响因素以及外部知识搜寻对企业创新的作用机制,帮助打开企业通过开展外部知识搜寻来提高企业创新绩效的黑箱,以期对相关领域的现有研究进行补充与完善。具体而言,本文将通过微观个体层面的管理者认知对企业外部知识搜寻影响作用的深入探讨以及以双元能力为中介变量的外部知识搜寻影响企业创新绩效的中介机理构建两个方面进行展开。

1.2　问题提出

从对现实背景和理论背景的分析看来,外部知识搜寻备受企业界和学术界关注与重视。围绕外部知识搜寻这一主题,在对国内外相关文献的梳理中发现,现有研究仍存在着一些方面的不足,如,相关研究大多关注于外部知识搜寻的某一渠道或某种机制而较为忽视对外部知识搜寻机制的系统研究(Hall,Griliches,1984;Bell,Albu,1999;Michael,Gilbert,2002);现有研究仅仅考虑了外部环境、组织属性、知识距离等方面因素对外部知识搜寻的影响,而忽视微观个体层面因素对外部知识搜寻的影响(Dutton,Jackson,1987;Sharma,2000;Chattopadhyay,2001;White,Varadarajan,Dacin,2003);相关研究对外部知识搜寻与企业创新关系的探讨集中于外部知识搜寻对企业创新绩效的直接影响,忽视了对这一过程的中间机制的关注(Laursen,Salter,2006;Leiponen,Helfat,2010;Almirall,Casadesus,Masanell,2010)。基于上述理论与现实背景,本书将针对理论缺口与实践需求,基于外部知识搜寻视角,尝试回答以下五个子问题:

子问题一:管理者认知对企业外部知识搜寻有怎样的影响?

现有研究过度关注于企业层面的理性选择以及客观描述,而忽视了微观个体层面影响因素的重要作用,缺乏对管理者与外部知识搜寻、企业创新关系的实证探讨。由于管理者个人所拥有的社会经验、知识背景等方面差异,导致管理者认知的差异性,从而产生了不同管理者在引导企业开展外部知识搜寻活动时的不同偏好表现。管理者认知对企业外部知识搜寻的重要影响不应当被忽视。因此,本书将基于管理者认知视角,深入探讨管理者认知(管理者认知集中性、管理者认知复杂性)与企业外部知识搜寻之间关系,提出本文观点并予以实证检验。

子问题二:外部知识搜寻与企业创新绩效之间的有怎样的直接关系?

许多学者关注并探讨了外部知识搜寻广度、深度与企业创新绩效之间的关系,但所得出的结论不尽相同。一些学者认为,跨越组织边界或技术边界的广度、深度的外部搜寻,均能带来企业创新收益较大提升(Baum,2005;Fey,Birkinshaw,2005;Nieto,Santamara,2007;Keupp,Gassmann,2009);另一些学者则强调对外部知识搜寻活动中成本问题的理解,即外部知识搜寻对企业创新绩效的负面影响(Laursen,Salter,2006;Almirall,Casadesus,Masanell,2010;陈钰芬,陈劲,2008)。对于外部知识搜寻与创新绩效之间究竟有怎样的关系这一关键问题现有研究并没有给出明确的回答。基于此,本书在已有相关研究基础上,将外部知识搜寻划分为外部知识搜寻深度与外部知识搜寻广度两个维度,通过采取规范的理论分析和科学的实证检验,对外部知识搜寻与企业创新绩效之间的关系展开更为深入地探讨。

子问题三:外部环境不确定性对外部知识搜寻与企业创新绩效关系的有怎样的调节作用?

随着外部环境稳定性不断被打破,企业的创新实践既要考虑企业内部因素对创新绩效的影响作用,同时也要重视企业所处外部环境对企业创新所产生的影响。在已有研究中,一些学者已经注意到了外部知识搜寻与企业创新绩效之间的关系可能会随着外部环境的变化有不同的表现。从现实来看,外部知识搜寻与企业创新绩效关系并不是处于一种恒定的状态,环境因素能够解释促进或阻碍企业外部搜寻广度或深度的外部情境。基于此,本文采用权变的思路,引入了外部环境不确定性这一因素,分析其对"外部知识搜寻——企业创新绩效"关系的调节作用,以期获得对两者关系更为清晰的认识。因此,本书将外部环境不确定性作为调节变量,分析随着外部环境不确定性的变化,外部知识搜寻对创新绩效的影响有何不同。

子问题四:双元能力与企业创新绩效之间有怎样的关系?

组织双元理论作为一种新兴的管理学理论,产生于复杂动态的环境背景,用以解决管理学领域的各种悖论。Raisch 等人(2009)指出,组织双元已经成为了管理学领域的一种重要研究范式。尽管双元能力的研究受到了越来越多的关注与重视,现有研究更多的强调双元能力在能力演化以及企业持续竞争优势中所扮演的角色,而双元能力对企业创新绩效影响的实证研究相对不足。通过组织双元理论分析、双元能力涵义的界定以及双元能力相关研究的回顾,提出了双元能力对企业创新绩效影响的假设,通过问卷调查、数据处理,对外部知识搜寻对企业创新绩效影响的进行实证分析,进一步探讨双元能力与创新绩效关系在理论与实践中的意义。

子问题五:外部知识搜寻如何通过影响双元能力,从而对企业创新绩效产生影响的?

现有关于探讨企业外部知识搜寻与创新绩效关系的研究大多聚焦于前者对后者的直接效应,却鲜有对两者关系的中间机制的论述。本书所涉及的外部知识搜寻的深度与广度常常被视为一种资源争夺,相互制约的企业活动。组织双元理论已被用于解释许多复杂且矛盾的组织现象,双元能力的研究也随之不断深入,广泛地用于表示一个企业能够同时开展看似对立的、不相容的企业行为或活动的能力。基于此,本文认为,外部知识搜寻的深度与广度会影响企业双元能力的构建,从而引入了双元能力作为探讨外部知识搜寻影响企业创新绩效的中介变量,提出外部知识搜寻通过双元能力影响企业创新绩效这一理论观点。本文将通过大样本的数据收集与统计分析,检验双元能力对外部知识搜寻与企业创新绩效的关系是否具有以及具有怎样的中介效应。

1.3 研究方法与概念界定

1.3.1 研究方法

本书将采用文献研究和实证分析相结合的方法,通过对外部知识搜寻、管理者认知以及双元能力这几个重要变量的文献评述,针对本书所提出并拟要解决的五个子问题,展开具体的理论分析,提出研究假设并构建出本书的概念模型,并以科学的实证分析方法对各变量之间关系进行检验。

（1）文献法

文献法是一种既包括资料搜集也包括资源分析的一种研究方法。文献法不同于一手资料搜集法,并非是从研究对象那里直接获取相关资料,而是通过对现有文献资源(主要指文字记载形式资源)进行搜集与分析的研究方式。这种研究方法的基本原理与其他社会学研究方法并无较大差别,只是由于这种方法获取的资料的来源的不同而在具体操作过程中有所差异而已(袁方,2005)。本书的理论分析主要通过学术论文检索、分析及归纳了解、掌握国内外相关研究的现状及方法,并对已有研究成果进行总结,找到现有研究的不足之处,结合本书目的形成整体的研究主导逻辑、理论基础、概念模型和研究假设。

具体来说,结合本书的研究目的,首先,对国内外关于外部知识搜寻、管理者认知以及双元能力等相关文献进行收集、整理并分析;其次,在已有研究基础之上,进行规范的理论分析,阐明本书观点,提出理论假设,构建实证模型。其中,结合现有相关研究的主流观点,本书将自变量外部知识搜寻划分为外部知识搜寻广度与外部知识搜寻深度两个维度;选取管理者认知作为影响外部知识搜寻的前因变量,并依据管理者认知的知识结构将其划分为管理者认知集中性与管理者认知复杂性两个维度,对管理者认知与外部知识搜寻之间关系展开深入地理论探讨;选取外部环境不确定性变量,采用权变的思路,深入探讨外部环境不确定性对外部知识搜寻与企业创新绩效两者之间关系的调制作用;引入了双元能力作为探讨管理者认知、外部知识搜寻与企业创新绩效作用机制的中介变量,弥补现有研究对外部知识搜寻与企业创新绩效之间间接关联实证研究的不足。

（2）　问卷调查法

问卷调查法是管理学学科定量研究方法中运用最为广泛的一种。由于问卷调查法(1)是针对特定研究对象进行问卷设计、发放与收集,因而是一种相对快速而有效的数据收集方法;(2)从调研成本角度来看,是一种成本相对较低的数据收集方法;(3)对调查对象的干扰小,有利于调查对象的积极配合;(4)在测量量表的信度与效度较高而且有效样本量充足时,能够收集到较高质量的数据。基于此,本书将采用问卷调查法对外部知识搜寻、管理者认知、双元能力、环境不确定性以及企业创新绩效等研究变量进行数据收集。调查问卷的题项设置借鉴了国内外相关研究中的成熟量表或由权威文献整理而来,结合具体研究情境及我国语言文化特点进行修正与完善。在经过问卷设计、问卷修改、小样本测试、问卷再修改后展开正式调查，以确保问卷题项的语义明晰性和设计科学性，为达到较高的问卷信度与效度提供保障。

（3）统计分析法

本书主要采用因子分析（Factor Analysis）、多元回归分析（Multiple Regression Analysis）的方法对收集到的数据进行处理和分析。本书采用探索性因子分析（Exploratory Factor Analysis）方法与验证性因子分析（Confirmatory Factor Analysis）方法对管理者认知集中性、管理者认知复杂性、双元能力、外部环境不确定性以及企业创新绩效等测量量表的结构效度情况进行衡量，为之后进行多元回归的逐步分析检验奠定基础。在社会科学领域的量化研究中，SPSS 统计分析软件得到了广泛地使用，学者们常常运用 SPSS 软件对问卷调查获取的数据进行相关性分析、层次分析等定量方法验证研究假设的成立与否。本书主要运用了 SPSS 19.0 工具对管理者认知对外部知识搜寻的前置影响作用以及以双元能力为中介变量、环境不确定性为调节变量的外部知识搜寻对企业创新绩效的作用机制进行检验分析。

1.3.2 概念界定

外部知识搜寻：现有研究关于外部知识搜寻的内涵辨析，为本书外部知识搜寻概念的界定提供了一定的理论基础，加深了本书对外部知识搜寻内涵与外延的理解。借鉴 Rosenkopf，Nerkar（2001）的观点，结合研究视角与研究目的，本文将外部知识搜寻界定为企业创新实践中为寻求新颖有效的问题解决方案而对外部不同来源知识展开的搜索、获取活动，并根据企业创新活动对不同外部知识源利用程度，将外部知识搜寻划分为外部知识搜寻深度与外部知识搜寻广度两个维度。其中,外部知识搜寻深度是指企业创新活动中对某个或某些外部知识源的利用程度;外部知识搜寻广度是指企业创新活动所依赖的不同的外部知识源的数量。

管理者认知:现有研究对管理者认知的理解与界定主要存在管理者认知的结构观与管理者认知的过程观两种视角。管理者认知结构观要是从"认知"作为名词的角度理解管理者认知的内涵,将其视作一种认知结构或表征;管理者认知过程观主要是从"认知"作为动词的角度理解管理者认知的内涵,将其视为获取、评估、贮存、加工、处理特定领域信息的过程。本书认为,认知的结构视角与过程视角并非是对立的、冲突的,认知是个体的感知、记忆和思考而认知的过程包括将输入的资料进行转换、缩减、储存、更新以及使用的程序。借鉴 Gilsing,Nooteboom(2006)的观点,本文将管理者认知界定为已有知识结构基础上形成的,特定背景下对特定事件、行为或活动的知觉、诠释、意会与价值判断。着眼于管理者认知的注意力配置与主观因果逻辑两个方面,本文通过关注管理者认知的知识结构的整体特征,将管理者认知划分为管理者认知的集中性与管理者认知的复杂性两个维度。借鉴 Nadkarni,Narayanan(2007),邓少军(2010)等人的观点,将管理者认知的集中性界定为管理者所拥有的特定的知识结构围绕一个或几个核心概念构建起来的程度,体现为注意焦点的集中或分散;将管理者认知的复杂性界定为管理者所拥有的特定的知识结构的包容与整合程度,体现为主观因果逻辑或因果释义的复杂或简单。其中,包容是指管理者知识结构中的概念的幅度与多样化;整合则是指概念与概念之间的相互联系。

双元能力:在有关"双元性"的现有研究中,使用最多的是March(1991)所提出的"探索"与"利用"的双元。在本书中,探索能力被定义为企业对不熟悉领域资源的探寻与获取,识别并把握机遇、拓展市场,创新技术、产品或服务,以提供新的顾客价值的能力;利用能力被定义为企业创新对熟悉领域知识资源的提炼与开拓,改进现有技术、改善产品或服务、提高知识资源利用率,以扩大和延伸顾客现有价值的能力;双元能力则是企业能够保持探索能力与利用能力处于某种动态均衡、协调状态的能力,本质上是这两种能力之间的平衡度。

1.4   技术路线与内容安排

1.4.1   技术路线

本书通过对已有文献的梳理、归纳与总结,选择管理者认知视角,关注了微观个体层面的管理者认知对企业外部知识搜寻的前置性影响,以及企业外部知识搜寻对企业创新绩效的影响。具体来说,本文主要通过以下两个子研究展开探讨:

子研究一:探讨管理者认知对企业外部知识搜寻的影响。在已有研究基础上,进行理论分析与观点阐述,提出管理者认知集中性、管理者认知复杂性影响企业外部知识搜寻的研究假设。基于对354家企业高层管理人员的问卷调查以及科学的实证分析方法对所提概念模型与研究假设进行检验,进而得出管理者认知与企业外部知识搜寻的关系的明确结论。

子研究二:探讨外部知识搜寻影响企业创新绩效的作用机制,构建了外部知识搜寻通过双元能力影响企业创新绩效以及外部环境不确定性对两者之间关系的调节作用的概念模型,并在进一步地阐述分析基础上提出来细化的研究假设。基于对354家企业的问卷调查,通过信度与效度检验、相关性分析、层次回归分析等方法对子研究二的概念模型进行检验与修正,验证了外部知识搜寻与企业创新绩效之间的直接效应、双元能力与企业创新绩效之间的关系、外部环境不确定性对外部知识搜寻与企业创新关系的调节作用以及外部知识搜寻通过双元能力作用于企业创新绩效的中介效应。

本文技术路线如图 1.1 所示:

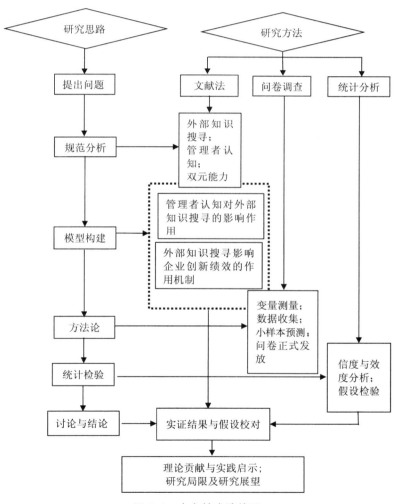

图 1.1　本文技术路线图

1.4.2　内容安排

遵循本书的技术路线安排和研究方法,本文共分为六个部分进行论述,具体内容安排如下:

第一部分　绪论。首先,阐述了本书的现实背景和理论背景,针对外部知识搜寻对企业创新绩效的重要意义提出本书的主要问题;其次,界定了本书所涉及的重要变量的概念,并介绍了本书的技术路线逻辑安排和内容安排;最后,阐述了本书主要的创新点。

第二部分　文献综述。第一节是关于外部知识搜寻的相关文献综述,主要包括外部知识搜寻的概念界定、维度划分、内外部影响因素以及外部知识搜寻与企业创新绩效之间关系;第二节是关于管理者认知的相关文献综述,主要包括管理者认知理论溯源、概念界定、维度划分以及相关实证研究;第三节是关于双元能力的相关文献综述,主要包括双元能力的理论溯源、概念界定、影响因素以及双元能力与企业创新绩效之间关系。

第三部分　研究假设与概念模型。首先,探讨了子研究一——管理者认知对外部知识搜寻的影响机制;其次,探讨了子研究二——外部知识搜寻对企业创新绩效影响的作用机制。该部分针对本书拟要解答的子问题一、二、三、四、五,在现有研究基础上,对子研究一、二所涉及的各个变量之间关系进行了论述,并提出研究假设。最后,构建了本书的概念模型,并对本文所提出的研究假设进行了汇总。

第四部分　研究方法与研究设计。该部分主要是对本书所采用研究方法以及具体实施过程的阐述,主要包括研究问卷设计原则、内容安排与过程、样本选取、研究变量测度以及问卷小样本测试,其中,本书对所涉及变量的测量借鉴了国内外相关研究中的成熟量表或由权威文献整理而来,并结合研究情境及我国语言文化特点进行了反复地修正与完善。

第五部分　实证分析。对本书所提出的理论假设与模型进行实证验证,并对分析结果进行讨论。本书将使用 SPSS19.0 统计分析工具对问卷调查所获取数据进行验证性因子分析、分层回归分析以及路径检验分析,对第三部分所提出的理论假设与实证进行合理性与有效性的检验。

第六部分　研究结论与展望。通过对研究结论的分析和解读,针对我国企业的外部知识搜寻等问题提出若干策略与建议,并对本书的局限性和未来研究展望进行了陈述。

1.5　本书创新点

本书通过对外部知识搜寻现有相关文献的梳理归纳,指出了现有研究中存在的一些不足之处,提出了本书拟要解决的五个子问题。在现有相关文献研究基础上,通过微观个体层面的管理者认知因素对外部知识搜寻的前置影响作用,以及外部知识搜寻通过双元能力影响企业创新绩效的作用机制,提出了本书的理论观点并构建了相应的实证模型,并对模型进行合理性和有效性检验。总体而言,本书的研究创新可概括为以下三点:

第一,从管理者角度提出并验证了管理者认知对企业外部知识搜寻的重要影响作用。现有研究缺乏对外部知识搜寻微观个体层面影响因素的实证探讨,为弥补这方面的不足,本书基于管理者认知视角,以管理者认知的知识结构整体特征为依据将管理者认知划分为管理者认知集中性与管理者认知复杂性两个维度,提炼了管理者认知集中性与管理者认知复杂性概念内涵,阐述了管理者认知影响外部知识搜寻的理论观点,并通过进一步地实证分析与检验,明确了管理者认知对企业外部知识搜寻的重要影响作用。基于微观个体层面的管理者认知这一前置影响因素的实证探讨,丰富了外部知识搜寻的定量研究,为之后对外部知识搜寻问题进一步的探索提供一定的参考和借鉴意义。

第二,基于权变的思路,构建并验证了外部环境不确定性对外部知识搜寻与企业创新绩效关系的调节作用。本书在深入探讨了外部知识搜寻深度、外部知识搜寻广度这两个维度的外部知识搜寻活动与企业创新绩效之间关系的基础上,引入了外部环境不确定性这一重要外生调节变量,阐述了外部不确定性对外部知识搜寻与企业创新绩效关系的调节作用。所得结论进一步明晰了外部知识搜寻与企业创新绩效之间关系,同时也深化了对外部知识搜寻活动价值的思考,为企业的开放式创新实践带来了新的启示。

第三,引入双元能力变量,结合组织双元理论,创造性的构建了"外部知识搜寻——双元能力——企业创新绩效"的研究框架,提出并验证了双元能力作为外部知识搜寻影响企业创新绩效的中介机制的理论构思。这个研究视角是对"外部知识搜寻——企业创新绩效"这一直接效应的突破与完善,弥补了现有研究对外部知识搜寻与企业创新绩效两者之间关系中间机制论述的不足。外部知识搜寻影响企业创新绩效的中间机理的探讨帮助打开了外部知识搜寻影响企业创新绩效的黑箱,所得出结论为外部知识搜寻与企业创新的关系研究提供了新的有益的见解,也为企业创新的实践提供了新的启示。

2. 相关理论综述

2.1　外部知识搜寻

随着知识经济的到来,企业创新对具有战略性意义的知识的需求更加迫切。Eisenhardt,Schoonhoven(1996)指出,企业创新所需知识由三部分组成:历史知识(创业者所拥有并得以存留下来的知识)、移植知识(新加入成员或组织带来的知识)以及外部知识(组织边界以外的知识)。企业内部知识资源是有限的,对内部知识的过度依赖容易导致企业陷入"能力陷阱"(Competency Traps),而企业边界以外的异质性知识则能够令其变得更具有机性(Kazanjian,Hess,2006)。在企业实践中,外部知识搜寻也成为继企业内部研发、兼并收购之后的新的提高企业竞争优势的有效途径(Katila,Ahuja,2002;Urban,Von Hippel,1988)。

本节内容是通过对国内外外部知识搜寻现有相关研究地系统梳理、分析、归纳及总结而得出的外部知识搜寻内涵、维度划分以及相关实证研究等方面的文献概况。

2.1.1　外部知识搜寻的概念界定

传统资源基础理论包含着一个"所有权"假设,所有的探讨都建立在这一假设的基础之上。资源被视为由企业所"拥有"或"控制",企业带来持续竞争优势的资源限定于企业边界之内(Penrose,1959;Lippman,Rumelt,1982;Barney,1992;Amit,Sehoemaker,1993)。随着知识经济的到来,知识资本、知识产权、技术诀窍以及创造、传播、利用、分享知识的能力逐渐代替传统的物资资源,成为了企业的生产力第一要素。知识作为企业所拥有一种特殊资源符合 Wernerfelt 所提出的异质性与不可完全流动性的基本假设:首先,企业是由多种知识构成的集合,企业之间的知识分布有较大差异,即知识的异质性;其次,组织中关键性的隐性知识是难以在企业间自由流动转移,即知识具有不可完全移动性。知识缄默性、异质性、情境嵌入性等属性也使之具备 Barney 所提出的作为竞争性资源的四个条件。作为企业创新的关键性资源,越来越多的学者们发现创新往往涉及跨行业、领域的多样的知识,企业需要通过获取利用这些多样化的知识资源进行反复试验、商业化以及反馈改进等流程实现产品或服务的创新(Rosenberg,1982)。Ettlie,Pavlou(2006)指出,组织仅仅依靠内部知识资源进行高成本的创新难以应对外部环境的快速变化,组织边界以外知识的获取与吸收能够对弥补现有知识不足,满足创新所需。Tidd,Bessant(2001)认为,企业创新应当通过不同创新主体的共同合作、反复尝新与试错的过程来实现,并且强调创新的成功很大程度上取决于与供应商、客户等多主体之间的知识的共享。因此,作为内部知识的互补性资源,组织边界以外的异质性知识能够通过弥补已有知识的不足,帮助企业构建长期竞争优势,与企业关系密切的上下游供应商、经销商以及主要客户等逐步参与到企业创新活动中,为企业创新提供多样的信息,企业创新所需知识资源由边界以内拓展到边界以外(Gulati,1999;Afuah,2001;Rothaermel,2001;Inkpen,Tsang,2005;许庆瑞,2007)。

外部知识搜寻是企业获取异质性知识的有效途径。搜寻是组织行为科学、演化经济学等学科的重点研究问题(Cyert,March,1963;Nelson,Winter,1982;March,1991)。Cyert,March(1963)在他们的经典著作《企业行为理论》中指出,搜寻是一种解决问题的途径,组织搜寻使组织更具环境适应性。演化经济学家在阐述他们的演化理论思想时常常使用一些诸如"变异"、"选择"、"基因"等物种进化论的专业术语。Nelson,Winter(1982)受演化经济学思想的启发,提出了"创造性搜寻"(Innovative Search)的概念。他们将"惯例"与"新颖的"对应于"基因"与"变异",认为搜寻相当于物种进化中的变异机制,能够帮助组织对已有惯例进行审视与评价,进而修正、更新甚至替换已有惯例。在之后的研究中,Winter(1986)进一步将"创造性搜寻"这一概念的外延延伸至为企业为了解决现有生产技术、工艺流程等方面问题,获得新颖的问题解决方案而开展的企业创新活动,如,征集技术改进新想法、重组不同技能的尝试等。同时,他还提出,搜寻活动具有不可逆性、不确定性以及偶然性特征。搜寻的不可逆性指的是搜寻活动本身是一个不可逆的过程;搜寻的不确定性是指由于搜寻活动行为主体是有限理性人,而难以保证搜寻到的方案就是解决问题的最佳方案;搜寻的偶然性是指搜寻是情境嵌入的,搜寻到的方案在不同时点、不同情境下所能产生的效用可能有所不同。此后,Fleming(2001)在他的研究中对 Winter 的这种观点进行了补充,指出搜寻还具有重组性特征,创造性搜寻是通过对现有资源的重组或重构而产生的。

Grant(1996)提出,知识是企业创新的核心要素。在激烈的市场竞争环境下,企业想要通过创新来培育自身长期竞争优势,关键在于创新所需知识资源有效识别、获取与利用(Chesbrough,2003)。企业通过开展深入或广泛的外部知识搜寻活动,以寻求新颖的产品设计、开发以及技术革新方案,既能够企业丰富现有知识存量,增加现有知识多样性,也能够通过新知识与原有知识的整合或重组,提高知识的利用率,促进新知识的创造,提高企业创新能力,推动企业创新期望绩效的实现(Katila,Ahuja,2002;Laursen,Salter,2006;Chiang,Hung,2010;King,Lekse,2006)。

综上所述,现有研究明确了外部知识资源是企业长期竞争优势的重要来源,外部知识搜寻是企业获取异质性知识的有效途径。管理学领域对于外部知识搜寻的研究是建立在组织搜寻,创造性搜寻等研究基础上,进一步地细化、聚焦发展而来。对于外部知识搜寻涵义的界定,本文借鉴了 Rosenkopf,Nerkar(2001)的观点,结合研究视角与研究目的,将外部知识搜寻界定为企业创新实践中,为寻求新颖有效的问题解决方案而对外部不同来源知识展开的搜索、获取活动。

2.1.2 外部知识搜寻的维度划分

基于不同的研究视角,学者们对外部知识搜寻维度的划分各异。一些学者根据企业利用外部知识源的方式对外部知识搜寻进行了维度划分(Levinthal,March,1993;Katila,Ahuja,2002;Laursen,Salter,2006)。这种划分方式最早可以追溯到组织学习领域的研究中。March(1991)提出了组织学习的两种不同方式——探索式学习与利用式学习。他指出,组织中存在这两种学习方式的最优组合。在其之后的研究中,March 等人针对最优学习策略问题展开了进一步地探讨，得出可以将探索与利用分别对应为宽度(Breadth)和深度(Depth)这两个维度来制定组织最优的学习策略(Levinthal，March，1993)。Katila，Ahuja(2002)也主张利用深度与范围来拓展组织探索式与利用式学习的概念，以搜寻范围表述企业搜寻新知识的多样性，以搜寻深度描述企业对现有知识的重复利用。Laursen，Salter(2006)在他们关于企业外部创新源的选择与利用的研究中，将外部创新搜寻划分为创新搜寻深度与广度。其中，搜寻深度是指组织创新活动中深入搜索、利用外部知识源的程度；搜寻广度是指组织创新活动所依赖的外部知识源的数量。

Danneels(2008)基于动态能力视角提出，聚焦于组织熟悉的相同或相关领域的知识能够促进组织实现渐进式创新，长期来看，这种本地聚焦(Local Focus)有助于构建组织的"一阶能力"(First-Order Competence)。然而，本地搜寻容易导致组织陷入"熟悉陷阱"(Familiarity Trap)、"能力陷阱"(Competency Trap)，降低组织的环境敏感性和响应能力；而远距离搜寻(Distant Search)超越了既有技术边界、认知边界在更为广阔的空间范围内搜寻组织并不熟悉领域的知识，能够避免组织陷入过度本地搜寻造成的能力刚性，帮助构建组织的"二阶能力"(Second-Order Competence，即构建一阶能力的能力)(Nelson，Winter，1982；Helfat，1994；Podolny，Stuart，1996)。Madsen，Desai(2010)基于组织决策理论思想，探讨了外部搜寻对组织惯例演化的影响。他将外部搜寻划分为问题搜寻(Problematic Search)、冗余搜寻(Slack Search)以及制度搜寻(Institutional Search)三个方面，强调组织是通过这三个方面的搜寻活动促进惯例变革。问题搜寻是为解决组织遇到的常规性经营管理问题而进行的外部知识搜寻。当组织的实际绩效没有达到目标水平时,管理者会通过绩效反馈结果搜寻其他方案来填补两者之间的差距。一旦组织普遍接受了历史绩效设定,就会导致组织逐步失去对及时响应环境变化、革新或废除无效惯例的主动性(March,1991)。冗余搜寻是利用内部冗余资源进行外部知识搜寻;内部资源丰裕时,组织有可能开展广泛地外部搜寻活动,自动识别并剔除过时的、低效的某些惯例(Cyert,March,1963)。制度搜寻是通过特定部门或机构按制度或程序开展外部知识搜寻。为降低不确定性风险将外部搜寻活动作为特定部门的惯例,用制度与程序规范外部搜寻活动(Greve,2003)。Ahuja,Katila(2004)基于资源异质角度,将外部知识搜寻划分为科学搜寻(Science Search)与地理搜寻(Geography Search)。科学搜寻是组织为了避免创新枯竭、突破现有技术知识基础束缚而展开的异质性技术知识搜寻过程;地理搜寻是组织为了解决创新发展问题、拓展现有市场知识基础,通过跨区域、跨国界的市场扩张战略进行的市场知识搜寻过程。科学搜寻与地理搜寻能够帮助组织获得多样的技术知识资源、市场知识资源,提高自身的资源异质性。Yayavaram(2005)基于组织认知视角,将外部搜寻划分为经验搜寻(Experience Search)和认知搜寻(Cognition Search)。他指出,经验搜寻是"向后看"的搜寻,是聚焦于与现有知识相关的知识的活动过程;认知搜寻则是"向前看"的搜寻,是探索不熟悉或未知领域知识的活动过程。实施外部知识搜寻战略应当事先理解搜寻过程中的某些因果关系,以形成对非本地知识的认知图式,降低对陌生知识搜寻的不确定性风险。

综上所述,外部知识搜寻维度是分析企业基于怎样的边界、搜寻到什么类型知识以及这些不同类型知识对企业创新及其绩效有怎样影响的基础。出于研究目的考虑,本文借鉴 Laursen,Salter

(2006)的观点,根据企业创新活动对不同外部知识源利用程度,将外部知识搜寻划分为外部知识搜寻深度与外部知识搜寻广度两个维度。外部知识搜寻深度是指企业创新活动中对某个或某些外部知识源的利用程度;外部知识搜寻广度是指企业创新活动所依赖的不同的外部知识源的数量。

2.1.3　外部知识搜寻的影响因素

外部知识搜索的影响因素研究主要是为了理解组织选择某种特定的搜索方式的原因。总体而言,影响外部知识搜寻的因素可以从组织内部因素与组织外部环境因素两方面展开分析。

影响外部知识搜寻的组织内部因素方面主要包括组织的基本属性、资源、管理者偏好等。Stinchcombe(1965)指出,处于不同生命周期阶段的企业对外部知识搜索的偏好有较大差异。处于成长期的企业,由于缺乏顾客基础,需要通过提供新颖的产品或服务来吸引顾客,占领市场。因此,处于成长期的企业通常会开展广泛地外部新知识搜寻;处于稳定期的企业已经拥有较为稳定的顾客基础,维护现有的市场份额,为巩固市场地位,避免不必要的风险,通常会采取稳健的经营策略,更加倾向于利用既有知识而不愿开展外部新知识搜寻活动;处于衰退期的企业也会采取稳健的经营策略,放弃外部新知识搜寻活动(Benner,Waldfogel,2015;袁健红,龚天宇,2011)。Rothaermel,Deeds(2004)认为,企业规模会影响知识搜寻策略的选择。企业规模越大,惰性程度越高,技术创新意愿较低,技知识搜寻活动将更为显著地表现出沿着原有技术轨迹提高生产效率的特征,阻碍企业开展外部新知识的搜寻。Siggelkow,Rivkin(2005)认为,组织结构是影响知识搜索的主要因素之一。根据组织复杂性、集权以及标准化程度,组织结构可以划分为机械式和有机式的组织结构。前者具有复杂性程度较低、集权程度较高、标准化程度较高的特征;后者则表现为复杂性程度较高、集权程度较低、标准化程度较低。Jansen,Van Den Bosch Volberda(2005)的研究表明,处于相对稳定状态的组织通常采用机械式的结构,决策权高度集中,偏好于利用现有知识,而非搜寻新知识;处于不可预测环境中的组织通常采用有机式结构,偏好分权型的决策方式,倾向于搜寻新知识。也有一些学者探讨了组织所拥有的资源、能力等因素对外部知识搜寻的影响。组织资源与组织知识搜索活动密切相关。企业拥有的知识资源越多,越倾向于本地知识搜寻,抑制远距离知识搜寻(Katz,Allen,1982;Hendry,Arthur,Jones,1995;Drechsler,Natter,2012)。Katz,Allen(1982)认为,实力雄厚的企业具有较强的"非此处发明"的思维定势,排斥外部新观念、新知识。Hendry,Arthur 等人(1995)指出,企业技术储备越多,研发设施越好,研发人员素质越高,企业就越不倾向于从外部获取创新想法、技术和知识。Chesbrough(2007)认为,企业之间的合作能有效分摊企业的创新成本。当企业创新资源匮乏时,更加依赖外部开展创新活动。Nohria,Gulati(1996)的研究表明,新知识的搜寻与利用面临着不确定性风险,组织内部的冗余资源可以帮助组织抵御失败搜寻的风险,排解组织外部新知识搜寻的顾虑。但也有一部分学者持相反的观点,他们认为,拥有冗余资源的企业更加偏好于利用内部冗余资源而非外部新知识搜寻,进行产品或服务的创新,即冗余资源的拥有与外部知识搜寻是相互排斥的(Bourgeois,1981)。组织能力对企业外部知识搜寻的影响方面,学者们主要探讨了吸收能力的正向促进作用。吸收能力既能够促进组织与外部环境的互动,也能够进一步提高组织的学习能力。吸收能力强的组织,更偏于外部新知识的搜寻,新知

识的搜寻与利用又会进一步促进吸收能力的提升(Rothaermel,
Alexandre,2009)。另外,管理者作为企业决策制定者,其风险偏
好和职业经验必然会对企业的知识搜寻活动产生影响。风险规避
型管理者倾向于利用现有知识资源或者搜寻相似知识资源,这种
知识搜寻与利用的结果较为确定,能够获得短期内的稳定的回报;
风险崇尚型管理者倾向于新知识的搜寻,新知识的搜寻、获取与利
用可能为企业带来突破性创新,帮助企业获得丰厚的长期的回报
以及构建新的竞争优势(Lewin,Volberda,1999)。管理者的过往
的搜寻经验也会对企业未来的知识搜寻产生重要的影响(吴晓波,
彭新敏,丁树全,2008)。管理者对产品、技术、市场等方面知识会
形成某些特定的认知图式,认知图式将会帮助管理者产生对知识
搜寻的预先评估。因此,管理者会在主观上强化对现有知识的相
似或相关知识的搜寻,降低外部知识源利用的不确定性风险
(Bingham,Haleblian,2008)。

　　影响外部知识搜寻的组织外部因素方面主要包括技术环境动
态性、市场竞争性、产权制度环境等。Cohen,Levinthal(1990)提
出,技术环境动态性会影响企业的知识搜索活动。Lowe,Taylor
(1998)在他们的研究中发现,技术环境的不确定性会促使增加外
部知识的搜寻、获取与整合。Cho,Yu(2000)基于交易成本理论的
分析认为,技术环境的动态变化带来了企业创新不确定性风险的
增加,而选择与外部其他组织开展创新合作或搜寻外部技术知识
能够帮助企业分散创新风险。Laursen,Salter(2006)的研究中也
提到,当外部技术知识搜寻因为陌生的技术环境而面临较高的不
确定性时,企业鲜于采用收购或合资等方式,而倾向于采用其他更
为灵活的方式来搜寻所需的技术知识。Teece,Pisano(1997)指
出,企业所处市场竞争性较高时,为防止技术知识的外溢,企业通

常采用内部知识搜索。Chesbrough(2007)则认为,外部市场竞争性越高,由于整合利用外部新知识进行创新能帮助企业缩短新产品开发到推广的时间,及时响应市场需求的变化,因而企业越倾向于采用外部知识搜寻策略。吴晓波等人(2008)发现,市场预期越高、竞争越激烈,企业越倾向于缩减外部知识搜寻宽度,而增加外部知识搜寻的深度。Drechsler,Natter(2012)发现市场需求的快速变化,可能会增加组织选择搜寻外部新知识的可能性。当市场竞争性强度较高时,对现有产品或服务的改进并不能满足市场需求,必须通过产品或服务的创新才能提高企业的市场竞争力。因此,市场竞争强度的提高会促使企业广泛开展外部新知识搜寻,培育新的竞争优势。产权制度环境因素也会影响企业外部知识的搜寻。一种有效的知识产权保护体制,会促进企业的开放式创新策略或新知识搜寻策略(Chesbrough,2006;Drechsler,Natter,2012)。对创新成果的保护能够避免企业创新成果被窃取、模仿,确保企业对创新成果的独占权,保护企业在创新成果的商业化中获得收益。Teece(1986)指出,当现有政策、制度对知识产权保护的认识不足,保护力度不够时,企业创新意愿降低,因而怠于搜寻外部新知识,而选择重复利用现有知识。Cohen,Levinthal(1990)认为创新成果保护不足,企业倾向于利用已有知识进行内部创新研发,提高组织的吸收能力,更好地获取行业外溢知识。Hage-doorn(1993)的实证研究结果显示,创新成果的保护与技术知识溢出具有显著的负相关关系,即当对创新成果保护充分时,技术知识的溢出相对减少,企业创新意愿增加,促使企业增加对外部创新源知识的搜寻与获取。Drechsler,Natter(2012)实证研究结论指出,完善的创新保护政策以及战略性的产权保护措施均对企业的外部知识搜寻产生显著的正向影响。

2.1.4　外部知识搜寻对企业创新绩效的影响

学者们发现,拥有多种的外部创新源的企业通常比只使用内部资源的企业更具创新性(Powell,Koput,1996;Baum,Rowley,Shipilov,2005)。因此,外部知识搜寻与创新绩效之间的关系获得了越来越多的关注。Keupp,Gassmann(2009)的实证研究结果表明,外部知识搜寻范围越广,企业全新产品的利润贡献率越高,对产品或服务的改进升级作用越显著。Leiponen,Helfat(2010)以芬兰创新园区开放式创新战略的实证研究发现,企业外部资源搜寻的广度对创新绩效有积极的贡献。Ahuja,Lampert(2001)、Ethiraj,Zhu(2008)认为,企业对外部创新源的深度使用,可能引发对外部创新源的过度依赖,导致企业陷入"熟悉陷阱"(Familiarity Trap),降低自身的研发能力与试验能力,阻碍企业自主创新能力的构建。Mention(2011)发现,不同类型外部创新源的选择与使用对产品创新新颖性的影响不同。现有市场信息的搜寻最高能够为产品新颖性创新带来3%的提升;科研机构信息的搜寻最高能够为产品新颖性创新带来5%的提升;竞争者对手信息的搜寻与产品创新新颖性之间是一种显著的负相关关系。外部知识获取对企业创新绩效的负面影响主要来自于过度依赖外部知识而造成的企业核心能力的下降和搜寻异质性知识的风险成本。

Dahlander,Gann(2010)在他们的研究中指出,外部知识搜寻所产生的成本对企业创新绩效的影响不容忽视。组织间知识的异质性可能会导致企业付出更高的成本。知识搜寻的成本的取决于企业知识搜寻的先期经验、技术能力或目标之间的差异程度(Teece,1977)。Schrader(1991)认为,组织寻求非正式的技术建议时会有意锁定和选择最有可能提供问题解决方案的一个或多个外部其他组织,这是一个消耗时间和成本的过程。搜寻者与被搜寻者之间不同行业领域的知识距离越大,搜寻和获取对方知识的努力也需随之增加(Carlile,2004)。组织搜寻获得的知识通常是易于存储、激活同时也较为稳定的显性知识。然而,显性知识常常是不具备竞争性意义的知识资源。显性知识的获取并不会带来较多的成本耗费。关键性知识资源常常是默会的,模糊的隐性知识,知识的默会性、模糊性增加了知识搜寻的成本。一方面,由于隐性知识难于识别,组织需要花费较多的精力去识别、搜寻隐性知识;另一方面,隐性知识搜寻的时间成本也是较高的,当搜寻较为困难时,所需花费的时间加倍(Kogut,Zander,1993;McEvily,Marcus,2005)。Williamson(1985)认为,不仅搜寻的过程将为企业带来较高的成本,而且如果引入失败更会导致更高的成本损耗。企业引入已有业务范围之外的新业务之时,由于知识的缄默性、异质性等特征造成的信息不对称,对核心能力以外领域的知识搜寻,面临着较高的不确定性风险。必然需要承担高昂的整合与利用成本。Teece(1977)对 27 个项目的实证分析发现,技术知识搜寻成本最高能够占到项目总成本 59%。当组织创新所需知识的缄默性、模糊性较高时,如果通过多种渠道搜寻外部知识,将会耗费更加高昂的时间与资源成本,同时还有可能会影响产品开发和创新的进程。Aharoni(1966)认为,对其他不同领域知识的搜寻具有一定的负面效应。对外部异质性知识的整合利用需要组织反复的尝新、试错,在这个过程将耗费大量的时间成本和人力、物力成本。因此,企业在开展外部知识搜寻时,应该重视由此产生的搜寻成本并进行事前的成本收益评估。Katila,Ahuja(2002)将组织搜寻活动划分为搜寻广度与深度两个维度,以机器人行业的专利数据对企业搜寻与产品创新绩效之间关系的问题进行了实证探索,研究结论表明,发现组织搜寻深度与产品创新绩效之间是一种非线性的倒 U 型关系;组织搜寻广度与产品创新绩效之间则是一种正向的线型相关关系。Laursen,Salter(2006a)提出,外部创新源搜寻广度、深度与企业创新绩效之间应该是一种倒 U 型的关系,而非线性关系。在到达到阈值之前,外部知识搜寻的广度与深度对企业创新绩效有积极贡献,一旦超过阈值,外部知识搜寻过度,继续开展外部知识搜寻将会降低企业创新绩效的边际收益。Almirall,Casadesus,Masanell(2010)的研究也证实了过度的为外部知识搜寻会企业创新导致绩效的下降,再次证明了外部知识搜寻与企业创新绩效之间的倒 U 型关系。国内学者陈钰芬,陈劲(2008)比较了科技驱动型企业与经验驱动型企业中外部创新源选择与开放式创新绩效之间的关系。研究结果显示,目前我国企业在技术创新活动中对外部创新源的搜寻、获取、利用程度较低,适度的外部知识搜寻有利于提高企业创新绩效。对于科技驱动型的企业,外部知识搜寻对企业创新绩效呈倒 U 型的非线性相关关系;经验驱动型企业,外部知识搜寻与企业创新绩效呈正向的线性相关关系。

2.1.5　研究小结

本文从外部知识搜寻的概念界定、维度划分、内外部影响因素以及外部知识搜寻与企业创新绩效之间关系等方面对外部知识搜寻的相关研究进行了系统地综述。外部知识搜寻相关文献所得出的结论对本文具有重要作用:(1)现有研究关于外部知识搜寻的内涵辨析,为本书外部知识搜寻概念的界定提供了一定的理论基础,加深了本书对外部知识搜寻内涵与外延的理解。借鉴了 Rosenkopf,Nerkar(2001)的观点,结合研究视角与研究目的,本文将外部知识搜寻界定为企业创新实践中为寻求新颖有效的问题解决方案而对外部不同来源知识展开的搜索、获取活动;(2)现有研究关于外部知识搜寻不同视角的维度划分为本书中外部知识搜寻维度的划分提供了较为全面的参考依据。外部知识搜寻维度是分析企业基于怎样的边界、搜寻到什么类型知识以及这些不同类型知识对企业创新及其绩效有怎样影响的基础。本文借鉴了 Laursen,Salter(2006)的观点,根据企业创新活动对不同外部知识源利用程度,将外部知识搜寻划分为外部知识搜寻深度与外部知识搜寻广度两个维度。外部知识搜寻深度是指企业创新活动中对某个或某些外部知识源的利用程度;外部知识搜寻广度是指企业创新活动所依赖的不同的外部知识源的数量;(3)现有外部知识搜寻影响因素以及其与创新绩效的关系研究的归纳与总结为本文后续理论假设的阐述奠定了基础。然而,外部知识搜寻的相关研究仍然存在一些不足之处。一方面,现有研究对影响外部知识获取因素的讨论,总体上可以分为组织内部因素与外部环境因素两方面。分析看来,一些学者在研究中虽然提到了微观个体层面的认知因素对外部知识搜寻的影响,但这方面的相关研究相对缺乏,尚未得到足够的重视,不利于从微观个体认知层面理解组织选择某种特定的搜索方式的原因。本书认为,基于微观个体视角来探索影响外部知识搜寻具有一定的理论意义和实践意义。另一方面,目前关于外部知识搜寻的研究大多关注于外部知识搜寻对创新绩效的直接影响,缺乏对外部知识搜寻影响创新绩效的中间机制的关注。学者们基于资源基础理论与交易成本理论探究了两者之间的直接效应,认为通过外部知识搜寻有利于组织获取创新所需的多样的知识资源,提高创新绩效;由于信息不对称,不仅搜寻的过程将会产生较高的成本,而且一旦引入失败更会导致更高的成本损耗,不利于提高创新绩效。然而,资源基础理论与交易成本理论对于解释外部知识搜寻影响创新绩效的机制存在一定的局限性。资源基础理论与和交易成本只阐述了组织外部知识搜寻过程中直接获取的知识和付出的成本。因此，未来研究非常有必要探索外部知识搜寻对创新绩效影响的中间机制，丰富和补充现有组织创新理论研究并对组织通过外部知识搜寻实现高效的开放式创新具有重要意义。

2.2　管理者认知

2.2.1　管理者认知的相关理论溯源

20 世纪 40 年代末期到 60 年代初期，以赫伯特·西蒙、詹姆斯·马奇和理查德·赛尔特等学者为代表的卡内基学派（The School of Carnegie）提出，要从认知视角（Cognitive Approach）来研究组织的决策行为，由此形成了组织理论、战略性决策理论和组织治理理论的"认知影响行为"的研究取向。探讨厂商如何做出决策，这是卡内基学派组织行为理论的重心（Gavetti，Levinthal，Ocasio，2007）。古典管理学的厂商理论是从新古典经济学派完全竞争模型出发的，认为在完全竞争的市场中，厂商没有认知的差别、没有要素市场和要素的移动、没有信息成本、没有产业脉动、没有产品差异化、没有市场准入的限制、竞争不受约束和限制等等，因而厂商的决策是基于"完全理性"的假设，且厂商决策者是理性的经济人。卡内基学派的厂商决策理论不同凡响之处在于，它是以认知不完全（Cognitive Imperfections）和信息不完全（Information Imperfections）为基础的，完全不同于传统经济学"完全理性"的假设，对厂商实际决策过程的解释力更强。

Barnard，Simon（1947）在《管理行为》一书中，在比较经济理性与实际决策行为之后,提出了"有限理性"(Bounded Rationality)这一概念,认为在所有的决策过程中,包含组织目标的设定、问题辨析,可行方案的评估与选择等,都要受到个人的认知(Cognitive)、信息处理能力(Information-processing)与组织因素的限制,传统经济学完全理性的假设无法解释个人或厂商实际的决策过程。Cyert,March(1963)提出了一个极为简明且非常具有解释力的决策模式,即期望绩效反馈模式(Aspiration Performance Feedback Model)。该模式基于有限理性的组织行为理论,强调惯性、简化的期望绩效反馈决策模式(Rajagopalan,Spreitzer,1997),认为决策者可以通过期望绩效的决定组织的最后行为决策。有限理性通常被视为现代组织认知理论的基础(Hodgkinson,Healey,2008)。决策者对组织行为的预测具有相当的直觉,但受制于有限理性,需要简化其决策模式(Cyert,March,1963)。决策者总是关注眼前逼近的问题和按照简洁的方法行事,比较实际绩效与所设定的期望绩效目标。Schwenk(1984)强调在有限理性的限制下,管理者倾向按照过去的经验、习惯和惯例进行不确定情境下的决策,管理者总是以经验来发展其知识结构和思维过程的,这种经验导向会影响到厂商组织后续的决策与行为(Mintzberg,Ahlstrand,Lampel,1998)。

Gavetti,Levinthal,Ocasio(2007)指出,期望绩效反馈模式以及战略行为决策过程过于强调经验学习、问题导向搜寻、忽略了认知、认知搜寻、机会搜寻的概念。正是决策者对于战略决策问题的主观认知与诠释,改变了组织战略性决策的内涵(Rajagopalan,Spreitzer,1997)。March 与纽约大学斯特恩商学院管理学教授March,Shapira(1987)提出注意力焦点转移模式(Shift of Attention Focus)(也称为 March-Shapira Model)。注意力焦点转移模式指出,厂商注意力焦点决定了厂商的搜寻行为,正是注意力焦点的转移改变了厂商的因应战略。注意力焦点转移的视角,实质上是认知模式的视角,由此发展了认知理论,并为组织决策模式提供了更好的理论解释。在认知视角看来,组织各种决策的制订及其对外所采取的各种活动,主要基于管理者不同的认知、知识结构和心智模式,因而也表现出各具差异性与独特性的"有限理性"(Bounded Rationality)。战略性决策、厂商战略行为、组织结构和组织治理的主要挑战源于诱因、认知、心智模式的安排和共享认知机制的设计,组织决策、组织结构和组织治理问题,应当针对其问题的根源,安排或设计具有足够的认知能力或"可能性"(Possibility),或具有适当的吸收、学习能力的"认知架构",以降低组织决策、组织结构设计和组织治理的难度(Hodgkinson,Healey,2008;Grandori,1997;Nooteboom,2004)。认知视角的出现帮助解释了企业家/创业家、管理者与周边相关利益者、外部环境互动的心智过程(Mental Processes)(Mitchell,Busenitz,Lant,2002)。

自卡耐基学派提出,要从认知视角来研究组织的决策行为,而形成的组织理论、战略性决策理论和组织治理理论的"认知影响行为"的研究取向,帮助后续研究了解在管理者决策过程中,由于管理者因为个人因素的差异,而对决策情况有不同的认知与感受,加上个人主观的价值判断,继而会通过行为表现出与组织环境之间的复杂互动关系。管理者认知及心智模式的引入,极大地缓解了管理者个体特质与组织情境之间的关系。管理者的主观认知决定了他们是如何对外部环境和信息加以筛选、解释和运用。正如著名组织理论家 Karl Weick(1995)所指出的那样,战略管理学与社会心理学都普遍地认为管理者认知限制了管理者对外部环境的解释与理解。正是由于管理者个体差异和认知差异的存在,管理者才不可能达到完全理性的标准(Fiol,O'Connor,2003)。本文将基于认知视角,探讨管理者认知对于企业外部知识搜寻的影响作用,以期对企业外部知识搜寻行为作出更具意义的理论解释。

2.2.2 管理者认知的概念界定

组织中指导成员的行为、决策、认知和评价所运用的"知识"本身,被赋予了"心智模式"和"认知"的意义。认知通常被视为诠释、判断某一事件、信息的价值判断系统(Spender,1996;Tsoukas,Vladimirou,2005),具有累加与反馈作用。就个人作为认知主体而言,隐性知识的"嵌入社会或组织"突出了这种知识的产生依赖于个人与组织集体的互动关系,不同嵌入程度与嵌入类型的组织知识,会相当程度地影响组织的结构设计、治理机制的设计和知识使用的效能。对认知的深入探寻更为清晰地展示了个体行为不同构面的心智表现层次(Gardner,1985)。March 等人(1993)在他们的研究中提到,决策者特有的知识结构是其作出某种决策或选择的基础。决策者头脑中存在一系列"隐含假设"及"理所应当的事情",如,对于发展的构想、决策备选项的信息及不同选择等,将会产生不同后果的考虑。Johnson-Laird(1983)认为,认知能够帮助管理者对环境变化、任务执行做出预测,通过阐释既已发生的事实,采取有效的应对措施及行动,化解危机、抓住机遇。Prahalad,Bettis(1986)指出,企业高层管理者基于自身经历为企业构建了一系列的经营理念,即"主导逻辑"(Dominant Logic)。主导逻辑包含着高层管理者影响企业战略决策制定的各种因素及其相互关系的理解,是起主导作用的认知图式。管理者对企业所处环境或所面临问题的感知、假设、阐释构成了其特有的心智模式,包括潜在机会与威胁,资源与能力的配置、未来规划与发展方向等问题的观念,并影响管理者如何配置注意力以及理解、获取、加工、过滤、筛选外部信息的行为,最终形成了管理者特定的决策制定与行为选择。Stubbart(1989)认为,认知是目的导向、先入为主以及理性计算的。因此,管理者认知模式产生的先入为主与方法论的作用,通过影响管理者对信息的触觉、感知、阐述与响应,影响管理者的决策制定,进而影响着企业的行为、能力及竞争优势的构建(周晓东,2006)。

　　目前管理学领域关于管理者认知的概念的界定并未达成统一的认识。总体而言,现有研究对管理者认知涵义的辨析主要存在两种不同的观点。一种是认知的结构观。持有这种观点的相关研究主要是从"认知"作为名词的角度理解管理者认知的内涵,将其视作一种认知结构或表征。借助认知心理学,从组织决策者认知层面探讨战略形成的过程,基本的想法是决策者的经验塑造其知识结构,储存于组织记忆系统,进而根据其知识结构,过滤、筛选或诠释所面临的对象,诠释结果影响组织后续的决策与战略行为。而不同的厂商面对不同内外部环境,塑造了不同知识结构(Knowledge Structure),因而决策的出发点就不尽相同。所以,面对同样的绩效水平,不同的厂商可能产生不同的因应战略。Gavetti,Levintal(2000)在他们的研究中将管理者认知的界定为组织中的战略决策人员基于长期的经营实践而形成的特定的心智模式。Adner,Helfat(2003)认为,管理者认知是作为决策基础的管理者信念与思维模式。这种管理者的信念与思维模式实质上是其所拥有的特定的知识结构,以帮助管理者获取、理解、存贮及处理各种信息。Levy(2005)将管理者认知界定为决策者怎样理解、评估竞争威胁的组织的各种事件。周晓东(2006)认为,管理者认知一种微观个体层面的认知模式,是建立在管理者自身知识结构、工作经历以及长期决策经验积累的结果,包括过去作出的行之有效的战略决策形成的因果关系模式、评估及解决问题的习惯等等。另一种是认知的过程观。持有这种观点的相关研究主要是从"认知"作为动词的角度理解管理者认知的内涵,将其视为获取、评估、贮存、加工、处理特定领域信息的活动。杨林(2010)认为,管理者认知是管理者对所接收信息加工处理的过程。正是由于具备了转换、储存、搜索以及利用信息的能力,管理者能够与非管理者区别开来。基于认知心理学的视角,认为组织决策不仅是一个理性思维的过程,而且也包括一定的非理性思维,且后者常常更为重要,因而组织决策的形成是一个心理活动过程。认知过程观认为,认知是无序的;认知是信息处理的过程(Information-processing);认知是图式过程(Schema-Processing);认知是概念形成过程;认知是知识的建构过程。了解组织决策形成过程,最好了解人的心理和大脑;组织决策实质上是一种直觉和概念,组织决策的制定过程实质上是管理者个人的心路历程;由于组织所处的环境是复杂的,输入的信息在认知之前要经过各种各样歪曲或扭曲的过滤,因此组织决策在实际形成过程中偏重实用性,而非最优化。

本书认为,认知的结构视角与过程视角并非是对立的、冲突的,认知是个体的感知、记忆和思考而认知的过程包括将输入的资料进行转换、缩减、储存、更新以及使用的程序。因此,本文借鉴Nooteboom(2006)的观点,将管理者认知界定为已有知识结构基础上形成的,特定背景下对特定事件、行为或活动的知觉、诠释、意会与价值判断。

2.2.3　管理者认知的维度划分

通过上述的理论追溯发现,管理者认知主要涉及管理者注意力焦点配置和主观因果逻辑两个方面的问题。注意力焦点主要是指在高层管理者的知识结构中,对组织战略与相关领域中的概念的关注程度。注意力焦点非常重要,它起到了为高层管理者进行问题辨析的过滤器作用(Daft,Weick,1984;Bogner,Bar,2000;Fiol,O'Connor,2003)。主观因果逻辑是进行一般性决策的基础(Crocker,Fiske,Taylor,1984),它对组织战略决策的制定、理解和沟通具有重要的影响作用。高层管理者知识结构中的主观因果逻辑概念关系如何,决定了组织的战略决策者解读信息和应用信息的方式与方法。美国西北大学凯洛格商学院(Northwestern University Kellogg School of Management)教授 William Ocasio (1997)在发展卡内基学派认知理论的基础上,提出了厂商组织的注意力基础观(Attention-based View of Firm)。严格地说,注意力是一个心理学概念,心理学认为注意力是一些事物(如事件、趋势、想法等)所占据的个体意识的程度。卡内基学派认为,注意力是决策者对事件(如产业环境中的问题、机会、威胁等)和反应(如建议、惯例、计划、程序等)所产生的关注、编码、解释和聚集的行为(Hoffman,Ocasio,2001)。Ocasio(1997)认为,决策者所作出的判断取决于他决策时所关注的焦点。许多因素都会对决策者的注意力产生影响,这既包括了决策者本身的客观特征(如年龄、受教育程度、职业经历等)和心理特征(如认知、心智模式),还包括决策者所处的组织环境。注意力焦点的提出,是从管理者认知视角出发对其知识结构进行的一种理解,这是因为管理者所接受到的战略信息往往超过他们自身的认知能力,在解读这种认知超载问题时能够采取的有效办法,便是选择性注意,即专注于或将注意力聚焦于某个特定方面。管理者认知的知识结构会影响到其注意力焦点,进而主导企业的决策与行为(Barr,Stimpert,Huff,1992)。管理者认知的知识结构中的主观因果逻辑概念关系的复杂或简单程

度,决定了管理者解读信息和应用信息的方式与方法。主观因果
逻辑是进行一般性决策的基础(Fiske,Taylor,1991)。在厂商决
策与战略行为的过程中,管理者认知的知识结构始终在不断筛选
与诠释内外部环境信息,诠释的结果导引厂商后续战略决策与战
略行为。新卡耐基学派认为,组织有一个"记忆"(Memory),或组
织存在一个"心智模式"(Mental Model)和"心智架构"(Mental
Frame)。他们强调,组织各种决策的制订及其对外所采取的各种
活动,主要基于管理者不同的认知、知识结构和心智模式,因而也
表现出各具差异性与独特性的"有限理性"(Bounded Rationali-
ty)。Krueger(2000)提出,心智模式可以提供个人行动的解释,
"机会认知"和"威胁认知"的认知基模(Cognitive Schema)可以同
时存在,因为人们在面对负面情境与正面情境的处理方式会有所
不同,按照环境中的关键线索,会使用不同的认知基模。因此,个
人即使面对相同的环境条件,仍有不同的信息评估方式,有些人可
能视为威胁,而其他人则可以察觉到机会。Barr 等人(2008)发
现,企业管理者的长期运营实践形成的特定领域的知识结构或图
式会控制其对新信息的搜寻,限定其以某种特定的逻辑理解信息
之间的因果关系。Baron(2004)也指出,机会识别依赖于企业家
个体所独有的认知结构,而这种认知结构往往是创业者或企业家
对以往经历的体验。它涵盖了案例、原型、概念以及其他形式的信
息储备。这种复杂的认知结构成为其拥有基本认知架构,促使创
业者或企业家个体将原本没有关系的外界变化与已经发生的各类
事件进行结合,同时赋予这些信息新的商业含义。Agarwal,
Sinha,Tannir(1996)认为,有经验的与经验缺乏的解题者之间的
差异反映的是两者知识结构复杂性程度的差异。企业管理者通常
要面对许多属于非结构性的问题,管理者认知复杂性程度越高,管

理者对外部信息的解释力越高,企业外部搜寻的越有效率。

　　Nadkarni,Narayanan(2007)基于管理者知识结构整体性的考虑,认为将管理者认知划分为管理者认知的集中性与复杂性。管理者认知的集中性指的是管理者自身知识结构围绕一个或几个核心概念构建起来的程度(Eden,1992;尚航标,蓝海林,2013)。企业战略决策者根据"非核心概念"相关信息与"核心概念"相关信息,对信息进行评估管理者知识结构的集中程度越高,管理者对"核心概念"相关信息的偏好越显著。管理者认知结构的复杂性体现的管理者知识结构中关于概念之间的相互联系程度。管理者知识结构的复杂性越高,其自身知识结构中概念之间的关系紧密,越能够包容、解释异质的外部信息。Pandza,Thorpe(2009)将管理者认知划分为创造性搜寻(Creative Search)和战略性意义建构(Strategic Sense-making)。创造性是管理者有意识地超越其以往的经验图式,以获取新颖且适当的结果,创造性搜寻则是为搜寻、识别以及进一步探索潜在机遇的长期的、不确定性的、突破束缚的认知过程(Lumsden,1999);战略意义构建是管理者通过激发有意识的行为以及可追溯性意义的建构,使其能够理解与利用新知识,实质上是降低初始意义建构不确定性的认知过程。Madhavaram,Badrinarayanan 等人(2011)将管理者认知变量划分为管理者共同信念(Managers' Shared Beliefs)、问题分类(Problem Categoriza-tion)、竞争分类(Competition Categorization)、认知的复杂性(Cognitive Complexity)、全球化的思维方式(Global Mindsets)、认知地图(Cognitive Maps)、注意力模式(Attention Patterns)和知识发展(Knowledge Development)等八个维度;Manral(2011)将管理者认知变量划分为认知的复杂性(Cognitive Complexity)、大同主义(Cosmopolitanism)、企业家思维方式(Entrepreurial Mindsets)、跨越边界的活动(Boundary Spanning)和适应性(Adaptability)等五个维度。邓少军,芮明杰(2009)基于动态能力演化视角,认为高层管理者引导并推动了企业动态能力,将高层管理者认知划分为,认知柔性(Cognitive Flexibility)与认知复杂性(Cognitive Complexity)。其中,高层管理者认知柔性是管理者能够匹配认知策略与外部环境中的突发情况的能力;高层管理者认知复杂性则是反映了管理者认知的知识结构构成的差异化与关联性状况(Walsh,1995)。其中,差异化是指嵌入在管理者知识结构中的关键性概念的广泛性与多样性;而关联性则是指关键性概念之间相互关联的程度。管理者认知的复杂性使其在决策制定中允许容纳多样的备选方案集合。

本文将从管理者认知层面探讨组织决策、行为的实施,管理者的经验塑造其知识结构,储存于组织记忆系统,进而根据其知识结构,过滤、筛选或诠释所面临的对象,诠释结果影响组织后续的决策与行为。基于此,本文着眼于管理者认知的注意力配置与主观因果逻辑两个方面,通过关注管理者认知的知识结构的整体特征,将管理者认知划分为管理者认知集中性与管理者认知复杂性两个维度(Knoke,Kulinski,1982;Nadkarni,Narayanan,2007)。借鉴 Nadkarni,Narayanan(2007),邓少军(2010)等人的观点,本文将管理者认知的集中性界定为管理者所拥有的特定的知识结构围绕一个或几个核心概念构建起来的程度,体现为注意焦点的集中或分散;将管理者认知的复杂性界定为管理者所拥有的特定的知识结构的包容与整合程度,体现为主观因果逻辑或因果释义的复杂或简单。其中,包容是指管理者知识结构中的概念的幅度与多样化;整合则是指概念与概念之间的相互联系。

2.2.4　管理者认知相关实证研究

通过对国内外管理者认知相关实证研究的梳理总结发现,影响管理者认知的前因可归纳为内生因素和外生因素两方面。内生变量包括个体层面的知识结构、偏好、信念、价值观以及组织层面的组织层级、资源禀赋、文化、行业地位等方面;外生变量则主要是指外部环境的不确定性。

Barney(1991)认为,过去习得的知识以及经验图式通过构筑管理者特定的认知模式,控制管理者对新信息、知识等资源的搜集。类似地,Chattopadhyay,Glick,Miller,Huber(1999)在他们的研究中也指出,教育背景、职业经验以及风险偏好等个体特征将对管理者认知的形成产生重要影响。Levinthal,Rerup(2006)指出,管理者前摄性知识结构将为企业决策者事项制定、评估以及执行提供基本的认知框架。马骏,席酉民,曾宪聚(2007)在他们于先前经验、管理者认知及战略选择之间关系的研究中指出,管理者先前的学习行为及后果帮助其形成关于某种或某些知识的特定的图式或图式组合,并在风险评估、机会甄别、决策制定过程中表现的与其他管理者或非管理者有所不同,从而形成其独特的认知模式。Tripsas,Gavetti(2000)以宝丽来(Polaroid)公司为研究对象展开了探索影响企业转型的组织内部因素的案例研究。宝丽来公司在由传统的快速成像行业转向进军新兴的数字影像行业的过程中,由于高层管理者认知柔性的缺乏,过度追逐技术方面的创新,而忽视对市场的关注,导致企业在技术创新项目以及技术研发部门中投入大量的精力与资源,虽然推动了公司技术能力的发展,但却由于忽视了适应新兴数字影像市场所必需的市场营销、推广等方面投入,阻碍了公司转型所需要的营销能力的发展。组织规模越大越容易导致组织的僵化,许多学者以管理者认知惯性为代理变量,探讨了管理者认知特性影响其对外部环境进行正向的"机会"解释还是负向的"威胁"解释,进而影响企业行为(Ginsberg,Abrahamson,1991)。Rivkin,Siggelkow(2007)的研究考察了组织年龄及发展阶段对创始人或管理者决策判断的影响。研究结论指出,初创期,创始人的个人认知性因素凭借其对环境的高度关注、潜在市场机会的把握以及战略的选择,主导组织能力的发展,推进组织的成长。随着时间的推移,组织由快速的发展期进入到稳定的成熟期时,基于管理者长期决策经验积累形成的认知惯例发挥着越来越重要的作用,很容易导致管理者陷入认知刚性,故而难以响应环境的动态变化。

　　早期学者们对外部环境对管理者认知的研究大多采用了案例分析的方法(Meyer,1982;Pettigrew,1987;Webb,Dawson,1991)。动荡的外部环境将会影响高层管理者认知结构的适应性调整。随着相关变量测量量表的开发,学者们开始使用其他实证研究方法对管理者认知与外部环境的关系进行考察。Nadkarni,Perez(2007)以跨国公司为研究对象,分析了本土及跨国的资源环境与任务环境对高管认知的影响,研究结论表明,本土的资源与任务环境越复杂越能促进管理者本土认知复杂性程度的提高;Barr等人(2008)的研究则发现,行业环境的动态变化会导致企业管理者将注意力更多的配置于特定而非一般环境。尚航标等人(2012)的研究证明,环境动荡性与管理认知的认知结构复杂性呈正向相关关系,与管理者认知结构集中性呈负向相关关系。

　　现有研究对管理者认知后果的考察主要集中于探究管理者认知对组织行为(如搜寻、学习以及战略选择等)以及组织能力(动态能力、双元能力等)的影响作用。张文慧,张志学等人(2005)采用情境实验法,选取 148 名商学院大学生对根据真实情形的案例编写的相关量表,并提供了必要信息提以及环境设定。他们对收集来的数据进行的统计分析后得出,管理者个人特性(这里指的是认知结构)对企业战略决策的选择与制定起着关键性作用。具体来说,管理者认知结构的复杂性特征正向影响其对内外部环境的理性分析以及潜在机会的判断,最终影响是否进入或拓展某项业务的决策。Kaplan(2008)收集了某通信技术公司 1982—2002 年间的致股东信,通过分析高管对光纤技术市场的关注(关键词的出现频率为指标),分析了高管关注焦点对企业新市场进入时机的影响。研究结论表明,高管关注对企业新市场拓展的时机选择有显著的正向影响。具体地说,当高管高度关注某新兴技术市场时,企业会加速推进进入新市场战略行动的执行;反之,高管的注意力集中配置于现有技术市场时,企业进入新市场的战略行动可能会被延迟。同时,高管高度关注于自身非主导的其他行业市场时,企业会加速推新市场拓展的战略计划执行。陈守明,唐滨琪(2012)以 2010 年间在沪深 A 股上市的制造企业为研究样本,考察了管理者认知与企业创新投入之间的关系。他们运用文本分析法测量了管理者的认知程度,并选取管理自由度作为调制变量。实证研究结果表明,企业管理者对动态环境的认知程度越高,企业在创新方面的投入越多;随着管理自由度的提高,这种正向促进作用更加显著。

　　Kirton(1976)认为,在由 X(象征着未知与不确定性)因素支配的时代,创新的需求越来越迫切。他在验证"适应-创新量表"(KAI)的有效性时,发现高管对待不确定性的心智模式与企业创新能力之间存在正向相关关系。Gingham,Haleblian(2008)将管理者的知识结构视为一种特定的"认知模板"。他们提出,基于这种"认知模板",管理者对备选事项的后果进行预判,并作出心理准备,降低发生冲动性行动的可能性,减少无效或低效学习造成的成本,引导开展进行高效的组织学习;"认知模板"具有半结构化的特征既能够避免发生结构化缺失导致的秩序混乱,同时也能避免因过度结构化产生的认知刚性降低组织对环境的及时响应能力。这种"认知模板"并不是固定不变的,随着时间的推移以及企业战略变革的需要,现有模板会面临许多超出其理解范围之外的意外事件,因此,管理者会根据需要及时调整现有"认知模板",推动组织动态能力的进一步发展。尚航标,黄培伦(2010)的案例研究,以有限理性观为理论依据,探讨了动态环境下企业决策者的认知模式对企业获取长期竞争优势的作用机理。为此,他们构建了包括外部环境动态、管理认知、战略实施以及能力演化与企业绩效关系的研究框架。通过对万和集团的案例分析得出,由于企业决策者是有限理性人,因此,其认知对企业的战略决策的制定与执行、动态能力的演化以及企业绩效成果有直接影响。O'Reilly,Tushman(2004)的研究提出,组织双元能力的构建需要高管决策与行为上双元性(探索与挖掘)的基本保障。运营实践中,高管由于短期盈利最大化的压力,而倾向于将其有限的注意力与组织有限的资源更多地配置于挖掘活动。挖掘活动带来的满意的短期收益,使得管理者更加重视与支持挖掘活动,忽视对能够创造长期竞争优势的探索活动的关注,由此形成的运营刚性。注意力基础观认为,高管做出的决策与行为受控于其注意力配置。因此,高管决策与行为上的双元性是由在其注意力的双元配置所决定的。这种注意力配置的双元性要求高管不能仅仅关注单一地某个方面,而是强调管理者在探索与挖掘两方面的注意力配置。

2.2.5　研究小结

本文从管理者认知的概念界定、维度划分、相关实证研究等方面对管理者认知的相关研究进行了系统地综述。管理者认知的相关文献对本书的展开具有重要意义：(1)管理者认知的理论追溯为后续研究提供了坚实的理论基础。自卡耐基学派提出，要从认知视角来研究组织的决策行为，而形成的组织理论、战略性决策理论和组织治理理论的"认知影响行为"的研究取向，帮助后续研究了解在管理者决策过程中，由于管理者因为个人因素的差异，而对决策情况有不同的认知与感受，加上个人主观的价值判断，继而会通过行为表现出与组织环境之间的复杂互动关系。管理者的主观认知决定了他们是如何对外部环境和信息加以筛选、解释和运用；(2)现有研究关于管理者认知的不同视角与观点，强化了本书对管理者认知概念的理解与认识。现有研究对管理者认知的理解与界定主要存在管理者认知的结构观与管理者认知的过程观两种视角。管理者认知结构观要是从"认知"作为名词的角度理解管理者认知的内涵，将其视作一种认知结构或表征；管理者认知过程观主要是从"认知"作为动词的角度理解管理者认知的内涵，将其视为获取、评估、贮存、加工、处理特定领域信息的过程。本书认为，认知的结构视角与过程视角并非是对立的、冲突的，认知是个体的感知、记忆和思考而认知的过程包括将输入的资料进行转换、缩减、储存、更新以及使用的程序。借鉴 Nooteboom(2006)的观点，本文将管理者认知界定为已有知识结构基础上形成的，特定背景下对特定事件、行为或活动的知觉、诠释、意会与价值判断；(3)现有研究关于管理者认知的维度划分为本书中管理者认知的分维提供了可供参考的依据。本文认为从管理者认知层面探讨组织决策、行为的实施，基本的想法是管理者的经验塑造其知识结构,储存于组织记忆系统,进而根据其知识结构,过滤、筛选或诠释所面临的对象,诠释结果影响组织后续的决策与行为。基于此,本文将着眼于管理者认知的注意力配置与主观因果逻辑两个方面,通过关注管理者认知的知识结构的整体特征,将管理者认知划分为管理者认知的集中性与管理者认知的复杂性两个维度。借鉴 Nadkarni,Narayanan(2007),邓少军(2010)等人的观点,本文将管理者认知的集中性界定为管理者所拥有的特定的知识结构围绕一个或几个核心概念构建起来的程度,体现为注意焦点的集中或分散;将管理者认知的复杂性界定为管理者所拥有的特定的知识结构的包容与整合程度,体现为主观因果逻辑或因果释义的复杂或简单。其中,包容是指管理者知识结构中的概念的幅度与多样化;整合则是指概念与概念之间的相互联系;(4)现有管理者认知相关实证研究的归纳与总结为本文后续理论假设的阐述奠定了的基础。本书认为,基于微观个体层面的管理者认知视角的探索,有助于企业更为深入地理解管理者认知的对企业外部知识搜寻行为产生的重要影响作用。通过对文献回顾发现,管理者认知的相关实证研究大多围绕管理者认知整体或管理者认知的某一维度展开。因此,有必要对管理者认知展开进一步地维度划分,帮助解释与周边相关利益者、外部环境互动的心智过程,探索管理者认知对企业创新行为产生的具体地影响作用。

2.3　双元能力

2.3.1　双元能力的相关理论溯源

在这个时代里,各种矛盾、两难的局面和不连贯的事物随处可见,成功的企业不但得处理矛盾,还得从中获利(Takeuchi,Nonaka,2004),当消费者越来越要求多样化、高质量且合理价格的产品时,企业更迫切地需要结合作业效率及战略弹性,以满足现在和未来的顾客。双元性理论作为一种新兴的管理学理论,产生于复杂动态的环境背景,用以解决管理学领域的各种悖论。双元模式可定义为一种管理互为对立任务的方式,这名词最早由著名权变管理理论家 Robert B. Duncan 提出的。Duncan(1976)使用"Organizational Ambidexterity"这一术语,借以隐喻企业所具有的既能适应渐进性变革又能适应突变性变革的特征,用以描述将两类不同的企业创新结构及管控置于同一企业中。"Ambidexterity"起源于拉丁语中"Ambos"一词,表达了一种双手皆灵巧的状态或能力。继 Duncan 之后,Tushman,O'Reilly(1996)提出双元模式可解决企业对探索及利用间的平衡需求问题,他们认为一家双元模式公司具备在成熟市场竞争及为新兴市场发展新产品与服务的能力,主张这种能够同时执行探索和利用的模式,可为企业带来卓越绩效。双元性的提出激发了企业双元理论的活力,引发了学者们的广泛讨论(Levinthal,March,1993;Tushman,O'Reilly,2006)。Raisch 等人(2009)认为,双元性已经成为了管理学领域的一种重要研究范式。双元能力被广泛地用于表示一个企业能够同时开展看似对立的、竞争性的决策、行为、活动等等的能力,应用于企业响应、技术创新、企业设计、战略管理、企业学习等多个领域。Burgelman(1991)基于英特尔公司的田野调查研究指出,企业可以通过设计"诱导性战略"与"自主性战略"两种方案,柔性的响应环境复杂动态的变化。Tushman,O'Reilly(1996)认为,复杂且有机的企业结构使得企业同时具备累积性创新能力与非连续性创新能力,确保企业短期效率与长期利益的实现。Hart(2007)认为,企业应当具备设计并执行相互竞争的战略决策的能力。文献梳理来看,创新领域的相关研究大多借鉴了 March(1991)所提出的探索式学习(Exploration)与利用式(Explorative)学习的双元分类观点,结合组织情境、动态能力等相关理论,对企业创新实践中的探索能力、利用能力以及两者之间的结构协调等问题进行了探讨,为企业创新领域有关双元性的后续研究奠定了坚实的理论基础。

美国斯坦福大学的 James G. March 教授在其 1991 年发表的《组织学习中的探索与开发》一文。在这篇经典文献中,他将组织学习划分为将组织学习层次概略分为探索式学习以及利用式学习两种学习层级。所谓的探索式学习是指探索新的可能性,是全然的创新,而且通过对其他组织的比较观察(Social Comparison),决策者可以学到许多的战略、实务经验和技术,也就是学习到别人的创新经验,由此可以降低创新(没有经验)的风险;所谓的利用式学习是指利用既有确定有效的事物做出改良,是在既有的基础上加以改进的学习。这里,经验是促进组织学习的基本角色:按照过去经验,产生对环境适应的战略;较佳的成果及对其的满意会导致对经验的学习;现有的不良的成果经验则会导致疑问的产生;组织经验影响组织的惯例;成功惯例的沿用(Exploitation)可以降低实验的危险性,尤其当组织经营成功时。另外,March(1991)强调指出,与探索式学习相比较,利用式学习可以让组织能更快地适应环境,取得短期的成效;但就长期而言,却可能使组织自我毁灭。由此可以看出,探索和利用两者存在某种替换,前者意味着企业的特性是持续性地改进、提升效率和生产力、加强执行力与选择力,后者则是显示出通过搜寻、发现、实验、承担风险与创新等活动,使企业的经营管理有一个实质性的变化(Cheng, Van de Ven, 1996;March, 1991)。Levinthal, March(1993)指出,将组织双元划分为

"利用"与"探索"，本质上是一种组织双元结构观的体现。双元结构性视角是将视组织为一个通过自我调整、自我适应而形成的一种既能应对周期性变更又能应对不确定性变化的有机结构（Ducan，1976；Burns，Stalker，1996）。建立双元性组织的本质是构建一种双元的组织结构，确保组织既能开展探索式学习、战略、创新等活动，也能开展改良式学习、战略、创新等活动，通过这种双元结构组织能够实现自身适应能力的提升。双元性结构提出后得到了广泛地认同，搭建了双元性研究的一种结构范式。沿袭双元结构观研究范式，后续研究多采用"机械——有机"、"一元——双元"等方式对组织结构进行分类，进而探寻双元组织在边界延伸、产品或服务结构优化等方面区别于机械式、一元型组织结构的突出优势（Brown，Eisenhardt，1998）。如，Tushman，Smith（2010）指出，规模较大、权力较集中、规范化程度较高的组织适于利用式活动的开展；规模较小，权力较分散、规范化程度不高的组织适于探索式活动的开展。对于企业而言，这两种组织结构可以通过双元平衡模式缓解企业在时间或空间方面的竞争性矛盾（Christensen，2013）。

Gibson，Birkinshaw（2004）基于组织情境理论，构建了双元性研究的行为视角，提出了情境双元的概念。情境双元的提出突破了有形的组织结构的束缚，强调诸如组织文化、学习（创新）氛围、成员信任、承诺等因素对于构建双元组织的重要作用。凌鸿等人（2010）指出，不同情景下，企业是通过文化构建与个体思维引导或转换，实现企业对外部环境的适应性及匹配性双元的。企业高层管理者是组织行动的指挥者与引导者，占据情境设定的核心位置。高管自身所具备的特征既能够影响员工的行为方式，也能够通过战略及情境设定的过程得到反馈。高管对企业内部硬性情境要素

（如纪律、规则）以及软性情境要素（如信任、归属感）的有效地协调是实现情境性双元的关键。双元性行为视角强调组织应该通过情景的构建以替代组织结构上的分离来实现双元性职能。Benner，Tushman（2003）提出，组织双元性设计实际上是组织双元能力结构的设计。为获得应对外部环境动荡变化的能力，组织既需要具备适应渐进式变化的一阶能力，也需要构建应对突发式变动的一阶能力的能力（Danneels，2008）。一阶能力的能力是通过本地或远距离搜寻、吸收、整合、利用异质性知识资源而获得的二阶能力（肖丁丁，2010）。Benner等学者强调，能力视角并非仅仅是对能力进行了二元分类，而是再对能力进行二元分类后进一步探究两者的协调与整合。他们认为，双元能力强调了探索能力与利用能力的同步实现，而按先后顺序来构建及获得某种能力。双元能力所拥有的复杂性、竞争性、路径依赖性等属性，在资源配整、行为协调、能力构建等方面与动态能力相类似（Gibson，Birkinshaw，2004），是组织核心能力的重要体现。

结构双元、能力双元以及情境双元等的构建拓展了双元性研究的视角，为后续的双元性研究提供了丰富、多样的分析思路。基于本书的研究目的，本文将综合考虑双元性理论的结构视角与能力视角，探讨双元能力构建对于企业创新目标实现的重要作用以及双元能力在外部知识搜寻与企业创新绩效关系的中介作用，为中国情境下的企业双元能力构建的重要意义提供理论与实证方面的支持。

2.3.2　双元能力的概念界定

March（1993）指出，企业的主要有两个创新目的，一是改良既有资源、机会，强调企业利用能力的培养；二是开发新的机会，焦点在于新产品和新市场,强调企业探索能力的构建。前者为改善创新的目标,是一种"渐进式创新",意指企业以改良现有产品、流程及作业所获得的杠杆机会来达成所谓的"能力提升式"(Competency-Enhancement)创新;相对地,后者为探索创新的目标,是一种"跃进式创新",意指企业以产品、流程及作业上的重大突破来创造竞争优势,目的在于达成所谓的"能力破坏式"(Competency-Destroying)创新(Tushman,Anderson,1986)。然而,由于"探索"与"利用"在资源支持、知识基础、结构安排、文化氛围等方面的巨大差异,导致探索能力与利用能力之间存在着某种紧张关系。对企业的生存与繁荣而言,如何适当的维持探索能力和利用能力间的平衡是一项关键任务(March,1991)。

探索能力与利用能力的平衡是相关领域的研究热点问题,总体来看,学者们主要持有两种观点:一种是对立平衡观。这种观点认为探索与利用是矛盾的两端,是互不相容的,在企业内部同时开展有效的探索与利用是不可能实现的。由于探索与利用两者在基本逻辑上的差异,March(1991)指出:首先,探索与利用都要使用组织的稀少资源,越多资源投入探索,利用就只能分配到剩余的较少资源,反之亦然;其二,由于自我强化,探索活动引发更多探索,利用则导致更多利用活动;第三,探索和利用在组织常规和习性上截然不同,两者同步进行有其困难。O'Reilly,Tushman(2004)、李剑力(2009)等学者对探索能力与利用能力在创新目标、结果,知识基础、能力来源、组织结构、组织文化等方面进行了区分。他们发现,(1)由于资源的稀缺性,探索能力与利用能力的构建不得不为这些有限的资源而竞争,企业为获得一种能力而付出投入都将导致另一种能力构建所需的资源匮乏。探索能力的构建有助于企业长期绩效的获得,缺点是高风险、高成本;利用能力的构建有助于企业短期收益目标的实现,缺点是难构建核心技术优势;创新目标与创新结构的差异导致了资源配置的困境,企业常常处于二者选一的境地;(2)探索或利用的过程是自我强化的过程,探索将会导致更多的探索,而利用则会引发更多的利用。一方面,企业为适应既有环境的需求,势必产生结构惰性,因而降低了对于未来环境改变及新机会的因应能力(Hannan,Freeman,1984);另一方面,实验新机会却也可能会减缓改进及修正既有能力的速度。也就是说,两种能力的冲突使企业掉入加速探索或加速利用的陷阱之中(March,1991;Levinthal,March,1993)。这种自我强化的本质使得企业即使面对环境剧变,依然专注于维持目前的一切,并扩大既有的能力,其结果是原本的核心能力变成核心僵化(Leonard-Barton,1992),得到组织近视症(Radner,1975)或掉入能力陷阱(Levitt,March,1988);或者相反的,过度进行等同于毁灭的探索,正如Levinthal,March(1993)描述"……失败导致搜寻与改变,而搜寻与改变带来失败,随后又导致更多的搜寻,如此这般……"。许多无法在市场上成功的创新公司,部分原因即可追溯于他们倾向于不断地探索新产品和陌生市场,而没有分配足够的资源改良既有能力在较为熟悉或范围狭小的利基上(He,Wong,2004);(3)探索与利用所匹配的企业结构、战略、文化、情境的完全相反,探索需要开放的、包容的、变革的、风险爱好的企业文化,而利用则强调按部就班,秩序统一和风险规避的文化导向(李剑力,2009)。因此,平衡对立观认为,探索和利用的相互作用常常以零和博弈形式出现,双元能力是指对探索与利用的交替管理能力(Burgelman,1991;Bener,Tushman,2003)。

另一种是互补平衡观。持这种观点的研究认为,虽然对March的逻辑提出质疑是绝无可能的,但是对其逻辑的前提有所探询倒是有可能,例如有些资源可能是无穷尽的,譬如说知识及信息(Shpiro,Varian,1998)。另外,企业也可借用外部环境的资源,通过跨组织关系兼备探索与改良(Kaza,Lewin,1998;Rothaemel,2001),或者在组织内以授权分工的方式让两者一起有效运作,例如,Gilson,Mathieu,Shalley,Ruddy(2005)发现组织授权团队同时使用创造性问题解决及标准化常规和程序,可让团队得到最高绩效。因此,探索能力与利用能力可以是相互促进,并且能够产生协同效应的。Gupta 等人(2006)将探索与改良之间的这种互动,视为零合赛局,是将两者放置于一条连续带的两端。他强调,一方面,并非所有的企业资源都是有限的,作为关键性资源的信息、知识不会因为被用于某种活动而减少;另一方面,企业不仅可以从内部获取资源也可以从企业外部获取资源。互补平衡观认为,将探索与利用之间关系视为交替关系的观点是片面的,仅仅强调探索容易陷入"创新陷阱",遭受"探索-失败-回报变革"的恶性循环带来的巨大损失(Levinthal,March,1993);仅仅强调利用则会陷入"能力陷阱"、"核心刚性"从而导致企业无法响应环境的快速变化(Leonard-Barton,1992)。长期竞争优势的培育与维持依赖于具有"充分利用以确保企业生存的同时充分的探索以确保企业未来发展"的能力,即具备双元能力是企业成功的必要条件。尽管探索与利用在本质上完全不同,但二者之间具有协同促进的作用,企业可以同时实现高水平的探索与利用。基于此,他们提出了探索与利用之间的关系为辩证关系的观点。随着对探索与利用关系研究的不断深入,越来越多的研究者们意识到平衡探索与利用之间矛盾的张力的重要性,并对实现探索和利用的可能性进行了分析(Katila,Ahuja,2002;Tushman,O'Reilly,2006)。

　　文献梳理归纳得出,现有研究主要提出了两种有效平衡探索能力与利用能力的路径：

一种是间断平衡(PunctuatedEquilibrium)路径。当企业内难以同时获得探索能力与利用能力时,可以采用交替循环的方式,实现探索能力与利用能力之间的相对平衡(Burgelman,2002;Tushman,Romenelli,1985;Levinthal,March,1993)。中断均衡路径实际上的是一种阶段平衡。Burgelman(2002)指出,间断均衡路径按照不同阶段循环使用探索与利用,而非两者同时并进,是一个更可行的方式。从系统的进化角度看,间断均衡路径是突变论的一种,是与系统渐变模式(Phyletic Gradualism)完全不同的。Gersick(1991)指出,中断均衡路径广泛地应用在许多社会及自然科学领域,其中包括有生物学、社会学、心理学以及组织理论。此模型认为演进过程中,长期小规模的渐进改变,将被短期的不连续性跃进式变革中断。Tushman,Romenelli(1985)以美国微型计算机产业为例,发展并检验了一个产业中断均衡路径,其结论指出:(1)大部分组织转型是通过快速且不连续变革,改变组织中大部分或全部的活动所达成的;(2)在战略、组织及权力配置上的小改变,并不会累积成根本式的转型;(3)重大的环境变迁和首席执行官(CEO)更替,会对组织转型有所影响。中断均衡模式不论在逻辑或实务上都是另一种选择。Levinthal,March(1993)指出,在战略和组织领域中,少有规范性文献,但明显有许多的陈述说明,对不同目标排序配置关注,通常可视其为目标冲突和受限理性的结果,且这方式也可产生组织的实验变革;Lant,Mezias(1992)链接中断均衡路径到组织学习过程,说明稳定与变革两股力量间的压力可产生根本式的企业转型。Burgelman(2002)按照相类似的思维,应用 Andy Grove 在 Intel 公司的管理经验数据,发现间断均衡路径是调适二元张力的最为有效的机制。

另一种是分离平衡(SeparationEquilibrium)路径。即企业能够通过时间、空间、情境等层面的职能隔离设置,实现探索能力与利用能力的同步平衡(Benner,Tushman,2003;Tushman,O'Reilly,2006;Tushman,Anderson,1986)。这种平衡路径的优势在于,相对对立的单元内的独立运作缓解了两种能力之间的资源竞争及结构冲突(Floyd,Lane,2000)。Benner,Tushman(2003)指出,分离平衡路径是通过链接松散且具差异性的单位或个人,同步追求利用与探索活动,包括利用式学习与探索式学习、利用式战略与探索式战略、利用式创新与探索式创新,等等。Tushman,O'Reilly(2006)、Tushman,Anderson(1986)等学者认为,企业既可以通过不同部门设置、目标设置从空间上分离探索与利用,也可以则时间上分离探索和利用。所谓在时间上分离探索与利用是指,企业中的探索与利用是次第发生的,探索是发现新机会的过程,一旦新机会被把握,新技术得以推行,企业便拥有了展开利用的契机,在此基础上对新知识、新技术进一步提炼、挖掘和创造。Gupta 等人(2006)总结了这两种平衡路径适用范围,他们指出,(1)当探索与利用所共享的资源较少时,两者互斥的可能性越高,这暗指一方有较高价值时,另一方的价值则较低;(2)在单一范围内,探索与利用将会彼此排斥;(3)跨越不同范围且联结松散的范围时,探索与利用一般会是正交关系,这意指在不同范围中,高度的探索与利用是可共存的。因此,基于本书的研究目的,本文认为,探索能力与利用能力是可以同时存在的正交关系,企业可以通过时间、空间以及情境等方面的设置,实现两者的分离平衡。

基于上述分析,借鉴 Levintal,March(1993)、Lavie,Stettner,Tushman(2010)等学者的观点,本文将探索能力被定义为企业对不熟悉领域资源的探寻与获取,识别并把握机遇、拓展市场,创新

技术、产品或服务,以提供新的顾客价值的能力;利用能力被定义
为企业创新对熟悉领域知识资源的提炼与开拓,改进现有技术、改
善产品或服务、提高知识资源利用率,以扩大和延伸顾客现有价值
的能力;双元能力则是企业能够保持探索能力与利用能力处于某
种动态均衡、协调状态的能力,本质上是这两种能力之间的平
衡度。

2.3.3 双元能力的影响因素

通过对已有相关文献的梳理与总结发现,双元能力的影响因
素主要包括企业自身结构、资源、情境及外部环境等几个方面(李
剑力,2009)。

Jansen 等人(2005)提出并检验了组织结构对双元能力构建
的影响作用,发现实现探索与利用双元平衡的关键在于设计一
种分权且松散的组织结构。Lin,Yang,Demirkan(2007)的实证
研究结果表明,大型企业由于拥有较为充足的创新资源以及较
高的创新风险承担力,适于同时开展探索与利用活动,有利于双
元能力的构建;而规模较小的企业由于创新资源不足,难以承受
风险,因此更适于培养单一能力以充分发挥其优势。Jansen
(2008)提出,企业高层管理团队(TMT)属性(愿景、激励、社会
资本网络及领导方式)对双元能力有直接的影响作用,研究结果
显示,愿景分享及权变型激励对双元能力有积极正面的影响;社
会资本网络的直接影响作用未得到支持;变革型领导方式能够
正向调节社会资本网络与双元能力之间的关系;变革型领导方
式负向调节权变型激励与双元能力之间的关系。彭新敏,吴晓
波,吴东(2011)在以海天集团为研究对象的纵向案例中指出,企
业与外部其他企业或组织之间所形成的创新网络规模对企业双

元能力的构建有直接影响作用。具体而言,随着企业创新合作对象数量及多样性的增加,双元能力由间断模式逐渐演化为平衡模式。Gupta(2006)发现,探索能力与利用能力的双元平衡的实现受到企业所拥有或获取的知识资源的影响。当企业所能拥有或获取的知识资源较为充足时,探索能力与利用能力能通过职能的隔离设置以及资源柔性配置达到相互促进与补充,两种能力的协同关系显著,相对平衡的双元模式更适合企业发展;当企业所拥有的知识较实际所需并不充足时,由于争夺有限的创新资源使两种能力表现出显著的竞争关系,间断的双元模式更适合企业发展。王建,胡珑瑛,马涛(2014)采用仿真方法,考察了知识资源的获取以及自身吸收能力对双元能力影响。他们提出并证明了,外部知识源的利用广度、企业自身吸收能力对双元能力有显著的正向影响;外部知识源的利用深度对双元能力有负向影响。Gison,Birkinshaw(2004)的实证研究得出,组织弹性、纪律、信任、支持等四个情景因素的有效协调配合能够有利于探索能力与利用能力双元平衡效果的实现。钟竞,陈松(2007)的研究提出并证实了,技术的动态性、竞争的激烈程度以及需求的不确定性有利于双元能力的构建与发展。Volberda,Van Den Bosch(2005)考察了外部环境以及企业结构性维度对平衡型双元能力的影响作用。他们提出了外部环境的动荡性、竞争性以及企业结构的分权化、关联性、正式化对双元能力影响的研究假设,通过对30家欧洲金融业企业的363名业务负责人的深度访谈和调查问卷分析得出,外部环境的动荡性与竞争性对探索能力与利用能力的协同作用有积极的贡献;企业结构的分权化、关联性、正式化程度越高越有利于探索能力与利用能力的相对平衡的实现。

2.3.4　双元能力对企业创新绩效的影响

现有研究基本支持了双元能力对企业创新绩效的积极正面的影响作用,但在不同的研究视角与情境条件下,双元能力对企业创新绩效的影响效果存在一定的差异。

He,Wong(2004)基于技术创新视角,对企业双元能力与绩效之间的关系进行了实证研究。他们通过新加坡和马来西亚制造业的 206 家企业的 563 位负责人的调查问卷与深度访谈所获取数据的实证分析结果表明:(1)探索能力与利用能力的交互作用对企业销售增长率有正向影响,探索能力与利用能力的不平衡程度对销售增长率有负向影响;(2)探索能力与利用能力交互作用与产品创新强度、工艺强度正相关,探索能力与利用能力的不平衡与产品创新强度、工艺强度负相关,产品创新强度与工艺创新强度中介了双元能力与销售增长率的关系;(3)企业聚焦于探索比聚焦于利用更能促进企业绩效的提升,聚焦于双元能力比聚焦于探索对企业绩效的提升有更强的正向效应。Isobe(2005)对日本中小型制造业企业的创新活动进行了考察,发现利用能力对企业运营绩效有积极正向的影响,而探索能力对企业创新绩效的有积极正向的影响,两种能力之间存在着显著地正相关关系。Lin,Yang,Demirkan(2007)通过对美国 5 个不同行业共 87 家企业的实证分析和计算机仿真模型的建立,考察了双元能力构建对联盟企业创新绩效的影响。研究结果显示:(1)双元能力的构建有利于大企业创新绩效的提升,对小企业创新绩效的影响作用不显著;(2)动态环境的条件下,双元能力更有利于企业创新绩效的提升。而在稳定环境的条件下,双元能力对企业创新绩效的提升作用不明显。李忆,司有和(2008)选取了 397 家中国企业作为样本数据,考察了探索-利用式创新以及两者之间的内部匹配关系对企业绩效之间的影响。研究结果显示,探索式创新行为与利用式创新行为均能促进企业绩效的提升,而两者之间的平衡匹配关系对企业绩效的影响作用并不显著。李剑力(2011)考察了探索式创新、利用式创新以及两者之间的平衡关系对于企业绩效的影响作用。该研究提出并证实了,作为提升企业绩效的两种有效途径,探索式创新与利用式创新两者之间的平衡有助于企业绩效的提升。陈建勋(2011)提出并构建了企业双元能力影响企业协同技术创新绩效的研究假设与概念模型,实证结果表明,企业双元能力能够促进协同技术创新绩效的提升。

2.3.5　研究小结

本节从双元能力的理论溯源、概念界定、内外部影响因素以及与创新绩效之间关系等方面对双元能力进行了系统的综述。双元能力的现有相关研究对本文有:(1)双元能力的理论追溯为双元能力研究提供了理论基础。双元性理论作为一种新兴的管理学理论,产生于复杂动态的环境背景,用以解决管理学领域的各种悖论。Raisch 等人(2009)认为,双元性已经成为了管理学领域的一种重要研究范式。随着双元性研究的不断深入,双元能力被广泛地用于表示一个企业能够同时开展看似对立的、竞争的战略行为的能力,应用于企业响应、技术创新、企业设计、战略管理、企业学习等多个领域;(2)现有研究关于双元能力不同视角的内涵辨析与观点阐述加深了本书对双元能力内涵与外延的理解与认识。借鉴Levintal,March(1993)、Lavie,Stettner,Tushman(2010)等学者的观点,本文将探索能力被定义为企业对不熟悉领域资源的探寻与获取,识别并把握机遇、拓展市场,创新技术、产品或服务,以提供新的顾客价值的能力；利用能力被定义为企业创新对熟悉领域知识资源的提炼与开拓，改进现有技术、改善产品或服务、提高知识资源利用率，以扩大和延伸顾客现有价值的能力；双元能力则是企业能够保持探索能力与利用能力处于某种动态均衡、协调状态的能力，本质上是这两种能力之间的平衡度；(3)现有双元能力影响因素以及其与创新绩效的关系研究的归纳与总结为本文后续理论假设的阐述提供了可丰富的论据支持。然而，双元能力的相关研究仍然存在一些不足之处，一方面，双元能力的影响因素的实证研究主要集中于企业规模与结构、企业资源与能力、企业情境以及外部环境等方面，而对于组织创新行为与双元能力研究起步较晚，研究成果相对较少；另一方面，尽管企业双元能力与企业创新绩效的研究受到了越来越多的关注与重视，双元能力对企业创新绩效的正向影响作用也得到了较为广泛地支持，但在不同的研究视角与情境条件下，双元能力对企业创新绩效影响效果存在一定的差异。综合以上分析，结合研究目的，本文将系统地探讨双元能力构建对于企业创新的重要作用以及双元能力在创新行为与企业创新绩效关系的中介作用，以期为中国情境下企业双元能力构建的重要意义提供理论与实证方面的支持。

2.4　本章小结

本章第一节系统阐述了外部知识搜寻的概念、维度、影响因素以及与企业创新绩效之间的关系，在此基础上，客观分析了相关研究中存在的一些不足之处，进而提出了本书的切入点与相应的研究问题。一方面，虽然一些学者在研究中提到了微观个体层面的认知因素对外部知识搜寻的影响，但这方面的相关研究相对缺乏，尚未得到足够的重视,不利于从微观个体认知层面理解组织选择某种特定的搜索方式的原因;另一方面,目前关于外部知识搜寻的研究大多关注于外部知识搜寻对创新绩效的直接影响,缺乏对外部知识搜寻影响创新绩效的中间机制的关注。未来研究非常有必要探索外部知识搜寻对创新绩效影响的中间机制,丰富和补充现有组织创新理论研究并对组织通过外部知识搜寻实现高效的开放式创新具有重要意义。本书试图从微观个体层面的管理者的视角以及引入双元能力这一中介变量分别对以上两个方面的不足之处进行补充。因此,本章的第二节与第三节对管理者认知与双元能力进行了系统的综述并对现有研究中存在的一些问题进行了简要的归纳。

在前人研究基础上,后续章节将采用结合理论与实证分析的方式,对微观个体层面的管理者认知对企业外部知识搜寻的影响作用以及外部知识搜寻对企业创新绩效的影响机制这两个子研究的进行理论推演与实证检验,进而对本书所提出的五个子问题进行作答,以期为企业创新实践提供可参考的理论框架。

3. 研究假设与模型构建

上一章对相关文献进行了梳理、分析、归纳与总结,发现了现有相关领域研究中存在的不足之处,提出了本书拟解决的问题。为回答本书所提出的"管理者认知对企业外部知识搜寻有怎样的影响?"、"外部知识搜寻与企业创新绩效之间的有怎样的直接关系?"、"外部环境不确定性对外部知识搜寻与企业创新绩效关系的有怎样的调节作用?"、"双元能力与企业创新绩效之间有怎样的关系?"、"外部知识搜寻如何通过影响双元能力,从而对企业创新绩效产生影响的?"等五个子问题,本章将通过以下两个子研究展开具体的分析,提出本书的理论假设与概念模型。

3.1 管理者认知对外部知识搜寻的影响作用

在企业实践中,管理者常常需要处理大量的、过载的信息,这些信息常常是超出管理者有限的关注与理解范围的(Simon,1991)。Ocasio(1997)指出,对于管理者而言,真正稀缺的是注意力而非信息资源。管理者的注意力配置、信息筛选与解释反映了管理者认知的知识结构,并影响着管理者所作出的决策以及企业具体的行为表现。高阶管理理论认为,由于管理者在价值观念、信念信仰以及教育背景、职业经历等方面的差异,管理者所拥有的心智模式各不相同,这种差异常常是造成企业不同的行为偏好的关键(Hambrick,Mason,1984)。Adner,Helfat(2003)在他们的研究中提出,管理者认知及其产生认知的情境作用使管理者表现出独特的认知效果影响着企业战略的实施,因此,管理者认知是影响企业之间千差万别的行为表现及行动结果的重要因素。综上所述,本文认为,管理者认知的知识结构决定了管理者的决策偏好与行为表现,进而对后续的企业行为产生一定的影响作用。

本节关于管理者认知对企业外部知识搜寻影响的探讨主要关注以下两个方面:

第一,本节所选取的被解释变量为外部知识搜寻深度与外部知识搜寻广度。与仅仅关注外部知识搜寻单一渠道或单一机制相比,着眼于外部知识搜寻多样化渠道的分析探讨是更为全面的;同时,根据企业创新搜寻活动对不同外部知识源利用程度,将外部知识搜寻划分为外部知识搜寻深度与外部知识搜寻广度这两个维度是现有相关研究的一种主要趋势,成果较为丰富,可以为本书提供一定的论据支持与理论基础(Katila,Ahuja,2002;Laursen,Salter,2006a;Keupp,Gassmann,2009;Fang,Lee,2010)。

第二,本文选取了管理者认知集中性与管理者认知复杂性作为本书所关注的影响外部知识搜寻的前置变量。一些学者意识到了管理者认知对于企业创新的重要性,并指出管理学领域对于管理者认知的研究亟待丰富与发展(Canas,Quesada,Antoli,2003;周晓东,2006;邓少军,2010)。本文认为从管理者认知层面探讨组织决策、行为的实施,基本的想法是管理者的经验塑造其知识结构,储存于组织记忆系统,进而根据其知识结构,过滤、筛选或诠释所面临的对象,诠释结果影响组织后续的决策与行为,并将依据管理者认知的知识结构的整体特征,将管理者认知划分为管理者认知的集中性与管理者认知的复杂性两个维度。文献回顾看来,本书预期管理者认知集中性与管理者认知复杂性可能会对外部知识搜寻深度、外部知识搜寻广度产生不同影响,造成这种差异化影响的原因以及背后的逻辑值得进行深入地探索与研究。

3.1.1　管理者认知集中性与外部知识搜寻

管理者认知的集中性是指管理者自身知识结构围绕一个或几个核心概念构建起来的程度(Eden,Ackermann,1992;尚航标,蓝海林,2012)。管理者常常根据"非核心概念"相关信息与"核心概念"相关信息,对所获得信息进行评估。管理者认知集中性越高,管理者围绕某个或某些个核心概念所建立起的知识结构越紧密;管理者知识结构的集中程度越高,管理者对这些个"核心概念"相关信息的偏好越显著(Nutt,1993)。例如,当管理者拥有某领域资深专业知识背景时,管理者常常会更加关注与重视该领域的相关知识,也更加倾向于引导企业开展趋向于该技术领域范围的知识搜寻(Helfat,2003;Stuart,Podolny,1996;尚航标,蓝海林,2012)。依赖于长期学习与实践过程中知识与经验的积累,管理者认知常常表现出一种重复及自我加强的特征。制度经济学认为,路径依赖是人类社会发展演变、制度变迁等过程中所表现出的类似于物理学中"惯性"的特征(张耀辉,2004)。古典经济学对经济人的"有限理性"假设认为,个体长期实践经验的累积形成了其独特的心智模式或知识结构,有限理性的个体依赖于先前经验以及先前经验形成的认知进行感知与判断。在这个过程中围绕某个或某些个核心概念所建立起的知识结构得到不断强化,因此,在面临过载的信息问题时,管理者常常更加倾向于选择性的关注出那些自己所熟悉领域的、与现有技术、市场等"核心概念"相相关的知识或信息,而自动的过滤、筛选由于那些不熟悉、不相关而被标注为"非核心概念"的知识或信息,进而影响着企业搜寻行为的选择。基于惯例视角来看,管理者认知是由其长期决策经验形成的各种惯例组成的集合体,这些惯例使其仅仅关注于同以往知识相一致的、被标签为合理的知识,而忽视了对其注意范围的拓展,不利于引导企业开展广泛、多样的外部知识的搜寻活动(Nelson,Winter,1982)。而交易成本理论认为,搜寻总是从边际开始的,为了降低搜寻过程中不确定性带来的风险,管理者偏好于在原有方案附近扫描新的方案,并根据已有因果图式,对新知识、新方案进行解释,进而引导企业遵循原有路径进行搜索(March,1994)。企业的本地搜寻行为在一定程度上反映了管理者认知的集中性,管理者认知的集中性影响着企业在"核心概念"附近搜索知识及解决方案(Reger,Palmer,1996)。例如,上世纪 60 年代,杜邦公司决定实施技术创新战略,高层管理团队认为原有产品技术虽有些过时,但原有技术核心部分依然是公司核心竞争力的支柱,因此,在杜邦公司之后公布的上百种新技术、新产品创新方案中,百分之七十的创新方案不过是不过对原有技术的改进或翻新(易法敏,2006)。

　　企业管理者基于其个人经历、经验所形成的特有的认知模式,决定了其对不同信息的注意力配置差异,并后外化于个人行为之中,进而对企业决策制定、行为选择予以"注意力规制"(Ocasio,2011)。注意力基础理论认为,对于管理者而言,信息并不是稀缺的,真正稀缺的是管理者的注意力(Ocasio,1997)。管理者会将其限注意力集中配置于那些他们认为会对企业更具意义的问题上。注意力配置深度体现了个体认知的集中性;而注意力配置广度则体现了个体认知的发散性。对于企业管理者而言,认知集中性越低,越倾向于对外部环境的不同领域给予广泛地关注,越有利于企业在更为广泛地范围内进行创新搜寻,帮助企业降低专项创新投资的风险,避免企业锁定于单一技术的领域(邓少军,2010)。Tripsas,Gavetti(2000)对宝丽来公司数码变革之路的失败经历进行了案例分析,他们认为,宝丽来公司高层管理者的注意力过度集中于技术的变革,使宝丽来公司错失发现并相应进入新市场的时机,阻碍了宝丽来公司及时地推出创新产品应对市场环境变化,导致了宝丽来数码变革之路的失败。Nadkarni,Narayanan(2007)在他们的研究中提出了,管理者识别、获取及利用处理信息的具体过程:(1)选择性关注,管理者认知为其提供了认识外部环境变化的标尺,管理者利用它来识别、筛选、聚焦那些被认为有助于搜寻目标实现的知识;(2)选择性解释,管理者认知决定了外部知识将会被如何解释,进而决定了知识是否与企业搜寻目标所匹配(Dutton,Jackson,1987);(3)行动选择,管理认知简化了概念、现象之间的复杂联系,形成独特的认知与行动之间的因果联系(Weick,1997)。因此,管理者处理大量的、复杂的外部知识的过程实际上是在"客观事实"与"事实的建构"之间,基于已有知识结构对外部不同知识源进行地选择性关注、选择性解释,制定决策,引导或调整企业搜寻行为的一系列活动。面对相同的任务环境,在选择性关注阶段,企业管理者的关注点越集中,管理者越倾向于自动"过滤"那些"非核心概念"知识,而被认为是"可利用的"知识通常是紧紧围绕"核心概念"的相关知识;在选择性解释阶段,高认知集中性的企业管理者由于认知结构较为单一,管理者会根据某些"前提"或者"理所当然的事情"来理解与解释这些问题。因此,管理者认知集中性越高,管理者对自身所熟悉知识的关注与重视程度越高,管理者倾向于制定外部知识搜寻的深度策略,进而引导企业对某一种或几种外部知识源进行深入地搜寻。

管理者是通过对外部环境的关注、判断与解释而引导、指挥企业行为的(White,Linden,2002;Chu,Spires,2003;杨林 2010)。管理者认知集中性越高,管理者越倾向于对某个或某些个外部知识渠道的配置更多的注意力,影响着企业对这些外部知识源的搜寻偏好进一步加深。这是由于,过去搜寻某种外部知识渠道获得的成功使得管理者更加重视对该渠道知识的深入挖掘利用。与此同时,企业该外部知识渠道的深入挖掘利用,进一步增加了管理者对相关知识搜寻经验的积累,促使管理者引导企业配置更多的资源在该渠道知识的挖掘使用上,因此,管理者认知集中性越高,越有利于企业开展更为深入的外部知识搜寻(Levinthal,March,1981;Alvarez,2001)。管理者认知集中性越低,意味着管理者自身知识结构的发散程度越高。注意力理论认为,管理者认知的发散性反映了管理者认知模式的敏捷的注意力调节机制。作为认知主体管理者是以某种特定的思维模式对外部环境进行感知与评价,进而激发注意力调制系统,引导注意力转换或抑制,实现情境或任务切换的。Quinn(1985)指出,由于新想法的产生以及不可预测问题的识别常常是通过发散的洞察来实现的。Ocasio(2011)也认为,管理者知识结构的发散性使得管理者对新颖信息的给予更多注视,有利于企业创新的资源组合或潜在机会的发现。认知集中性较低的管理者强调为更加有效地应对外部环境变化,管理者会通过广泛地配置其注意力、采取更加新颖地方式解读问题继而形成与环境变化更为匹配的解决方案。Kaplan(2008)收集了某通信技术公司 1982—2002 年间的致股东信,通过分析高管对光纤技术市场的关注(关键词的出现频率为指标),分析了高管关注焦点对企业新市场进入时机的影响。研究结论表明,高管关注对企业新市场拓展的时机选择有显著的正向影响。具体说来,高管的注意力集中配置于现有技术市场时,企业进入新市场的战略行动常常被延迟;反之,当高管高度将其注意力分散配置于现有及新兴技术市场时,企业进入新市场战略行动的执行能够得到一定程度的加速推进;另外,高管对于自身非主导的其他行业市场的关注,也会推进企业新市场拓展的战略计划执行。因此,管理者认知集中性越低,知识结构越分散,管理者越倾向于关注新颖的技术、创造性的商业模式、未涉足的市场以及不同品类的产品,有利于管理者引导企业展开更为广泛地外部知识搜寻,帮助企业获取更为丰富的创新所需的知识资源,及时地识别并把握外部商业环境中的创新机会(Eggers,Kaplan,2009;Kaplan,2008;Augier,Teece,2009)。尤其是在外部环境发生变动时,认知集中性较低的管理者会通过对动态内外部环境变化的专注(Mindfulness),通过与外部其他企业、组织的频繁地交流、互动,更好地理解外部环境,引导企业开展更为广泛地外部知识搜寻行为,有效地响应外部环境变化(Martin,Rubin,1995;Yadav,Prabhu,Chandy,2007)。

管理者知识结构的集中程度越高,管理者对“核心概念”相关信息的偏好越显著(Nutt,1993)。相反的,管理者认知集中性越低,管理者越背离于以“非核心概念”相关信息与“核心概念”相关信息对所获得外部知识资源进行遴选与评估。管理者认知集中性越低,管理者受“核心概念”的束缚越少,管理者对所接触到异质性、新颖性知识资源的重视越高(Heath,Tversky,1991;Krueger,Dickson,1994;Mullins,Walker,1996)。从心理学角度来看,管理者对新颖事物的关注与重视,能够帮助管理者克服由于不确定性带来的刻板效应(Threat-rigidity Hypothesis)。认知集中性较低管理者更倾向于关注外部环境中的新技术、新市场,更愿意于通过与处于价值链上不同位置的其他企业或组织的交流、互动而接触、挖掘利用那些所谓的"非核心概念"相关信息,引导企业投入更多的人力、物力展开更为广泛地外部知识搜寻,克服企业的搜寻的惰性,帮助企业获取更多的创新所需的外部异质性知识(Eggers,Kaplan,2009;Furr,2010)。

值得注意的是,随着外部环境的动态性程度的增加,企业需要更加频繁地处理一些非结构化问题。这些非结构化问题无法采用简单的模仿或沿袭旧惯例来解决。Redding(2002)的研究表明,创新搜寻的成果会受到管理者认知知识结构特征的影响,管理者创新搜寻活动的历史因素(知识结构、经验累积)决定了管理者现在以及未来创新搜寻方向的关注进而影响企业外部创新搜寻的范围与内容。他们强调,随着外部环境不确定性程度的增加,管理者应该认识到认知集中性带来的搜寻路径依赖、搜寻惯性将不再表现出以往那种卓越的效率的优势,反而容易导致管理者陷入"认知刚性"。解决非结构化问题需要管理者破除思维定势,发散思维,不再仅仅依赖于以"核心概念"相关信息与"非核心概念"相关信息对知识资源进行评估及处理,不断提高对环境动态变化理解、判断的准确性,引导企业开展更为广泛地搜寻活动(马西民,席骏,曾宪聚,2007)。

综述所述,本文认为,管理者认知集中性越高,越倾向于关注对自身所熟悉领域,重视对"核心概念"相关知识的识别与利用,倾向于制定针对某个或某几个外部知识源的深度搜寻策略,有利于企业外部知识搜寻深度的加深;反之,管理者认知集中性越低,越倾向于更加广泛地配置其注意力,帮助企业克服外部知识搜寻的惰性,避免外部知识搜寻的锁定,有利于企业外部知识搜寻广度的拓展。

基于上述分析,本书提出以下假设:

假设1:管理者认知集中性对外部知识搜寻深度有正向影响,即管理者认知集中性越高,企业越倾向于促进外部知识搜寻的深度。

假设2:管理者认知集中性对外部知识搜寻广度有负向影响,即管理者认知集中性越高,企业越倾向于抑制外部知识搜寻的广度。

3.1.2　管理者认知复杂性与外部知识搜寻

个体对"客观"事实的构建所包含着的因果联系的复杂性程度反映了个体认知复杂性。认知复杂性高的个体,偏好于整合利用看似"不相容"的多种概念、应用具有互补性方法,以发散性的思维方式来分析与解释所要理解的现象的产生及后果(Gruenfeld, Thomas-Hunt, Kim, 1998)。管理者认知的复杂性是管理者知识结构整合性的特征的体现(Walsh, 1995)。管理者认识复杂性使其倾向于进行全面搜索和详细分析外部信息资源,提高对不确定性环境中各要素间关系的准确理解,增强对新信息资源的识别、吸收与解析,降低对外部环境感知的不确定性,有助于管理者对环境变化作出积极、正面的解释,提高管理者把握未来发展趋势的信心,引导企业开展更加有效的、开放的创新行为,尽可能多地获取或开发出多样的、新颖的问题解决方案。

组织搜寻理论认为,外部不确定性环境中充斥着大量模糊、矛盾的信息,知识的因果模糊性不利于企业对外部环境准确理解,从而影响企业外部知识的搜寻活动的有效开展(Szulanski, 2006; Mosakowksi, 1997; Duys, Hedstrom, 2000)。因果模糊性是由知识中难以描述部分造成的归因不确定性，通常存在于高度内隐性的个体认知技巧中。因果模糊性被认为是影响企业管理者评估外部环境所面临的一大难题（Reed，De Fillippi，1990）。由知识中难以描述部分造成的归因不确定性，通常存在于高度内隐性的个体认知技巧中。认知实质上是一种知识结构，管理者认知则是基于其个人背景而形成的独特的认知结构。管理者认知的复杂性反映出管理者已有知识具有较高的异质性，知识结构具有较高的包容性。从知识因果模糊性角度来看，由于认知复杂性高的管理者习惯于采用多种不同视角进行解读，对知识因果模糊性表现出更高的容忍度。进一步地，管理者因其包容性的知识结构更能准确地分析、理解、解释外部环境中的各种因素之间的相互联系，降低管理者对外部环境感知的不确定性，增强管理者准确把握未来发展趋势的信心，进而引导企业开展更加有效的、开放的搜寻行为，尽可能地开发出多种问题解决方案（Bogner，Barr，2000）。认知复杂性高的企业管理者通常会以调动各种不同概念范畴的知识，运用多种理论、基于多种视角，构建更复杂的图式来组织自己的感知，对任务环境进行更为深层次的解读，形成对环境较为系统的、全面的解释，为寻求与环境变动更为匹配的应对措施，倾向于作出外部知识搜寻广度策略，引导企业进行在更为广泛的范围内开展知识搜寻活动（Schneider，Angelmar，1993；王永健，2006）。由于认知复杂的管理者包容性的知识结构使其能够对外部繁杂信息进行有效的识别与处理，因此，认知复杂的管理者对因果模糊的知识、隐性知识表现出更高的容忍度，更加倾向于开展广泛地外部知识搜寻活动（Mohr，Sengupta，2002；Barr，Huff，1997）。Van de Vrande（2013）认为，除企业自身技术领域知识外，企业高层管理者还需储备一些与现有技术知识无关其他领域知识。Cho，Hambrick

(2006)对航空业高管特征与企业创新关系的研究中发现,行业管制宽松背景下,管理者外部职能经验越多、集中行业任期越短,越倾向于将其注意力广泛配置于创新资源、机会的搜寻。管理者对外部模糊的、隐匿的信息的识别、解释与利用与企业创新行为以及创新成功存在一定的关系(Mosakowksi,1997)。Rodan,Galunic(2004)的研究指出,在处理过载信息时,认知复杂性高的管理者,其知识结构越具包容性,越能够很好地理解纷杂的知识之间的因果联系,既能够获取更为新颖有用的信息资源,表现出更高的信息处理效率,也能够通过内外部环境的准确理解,发现外部环境中合适的创新合作对象或机会,有利于企业及时聚集必要的创新资源以及选择有价值的合作伙伴或机会(Nadkarni,Narayanan,2007;周晓东,2006;Holmen,2003)。因此,认知复杂性较高的管理者有助于企业外部知识搜寻范围的拓展。

企业对环境变化做出的响应并非由环境变化本身决定的,而是取决于企业管理者对外部环境变化作出的解释(Nadkarni,Barr,2008;Plambeck,2012)。认知复杂性越高的管理者越倾向于对不确定性的外部环境作出积极正面的解释,引导企业进行积极、冒险的搜寻以获得新颖的问题解决方案来应对外部环境的不确定性;相反的,认知复杂性越低的管理者越倾向于对不确定性作出消极解释,降低管理者引导企业搜寻多样化信息的努力,以追求效率为目的通过对已有知识的深入挖掘利用来应对外部环境的不确定性。

企业创新实践中,资源投资模式、分配模式的固化,将会导致企业资源配置的僵化和非柔性,阻碍企业创新知识资源的获得。管理者认知复杂性对企业资源配置的有效性有着较为重要的影响(Sanchez,1996;Sirmon,2007)。管理者知识结构的复杂性程度越高,管理者越能够通过新的视角重组、再利用企业内外部资源,促进企业对环境变化的灵活响应。认知集中性越低的管理者,更善于灵活有效地配置有限的企业资源(如物质、知识、人力、机会资源等),引导企业展开广泛地外部知识搜寻(Worren,Moore,Cardona,2002)。具体而言,当企业管理者的认知复杂性较低时,内部资源配置柔性的较低,企业创新行为常常难以获得有效的资源支持,无法根据环境变动将现有内外部资源有效结合应用,因此,企业更加倾向于开展深度的外部知识搜寻活动;当企业管理者认知复杂性较高时,管理者越善于引导企业柔性的配置资源,越有利于外部知识搜寻范围的拓展,获取的异质性资源进行资源重组与创新,避免内部创新资源不足以及资源配置固化所造成的创新隐患。Rosner(1968)认为管理者知识结构的复杂性具有缓冲作用,认知复杂性较高的管理者,常常鼓励企业购买新技术、承受失败、承担制定以及创新成本,探索企业创新需要的思路,降低创新的风险,引导企业开展更加有效的、开放的创新行为。Georgsdottir,Getz(2004)认为,创新的过程始于企业管理者对创新机会的发现,认知复杂性越高的企业管理者通过识别与解释外部环境、关注行业中的最佳创新实践或模式,而非相熟的创新实践或模式,有助于企业拓展外部知识搜寻范围以获得不同领域的信息、知识等资源,避免现有技术、模式以及资源的限制,识别并发掘那些能够创造竞争优势的资源组合、创新模式、潜在机会进行一系列的创新活动。

综上所述,本文认为,管理者认知复杂性越高,越倾向于采用多样的结构审视与评价身处环境,以获得对环境更为系统的理解及正面的解释,为获取有价值的创新知识资源或新颖的问题解决方案,而引导企业开展更加开放的搜寻行为,抑制企业对某个或某些个外部知识源的深度搜寻,拓宽企业对多种不同外部知识源的搜寻广度。

基于上述分析,本书提出以下假设:

假设 3:管理者认知复杂性对外部知识搜寻深度有负向影响,即管理者认知复杂性越高,企业越倾向于抑制外部知识搜寻的深度。

假设 4:管理者认知复杂性对外部知识搜寻广度有正向影响,即管理者认知复杂性越高,企业越倾向于促进外部知识搜寻的广度。

3.2　外部知识搜寻对企业创新绩效的影响机制

外部知识搜寻对企业创新绩效作用机制的探讨主要关注于以下三个方面:

(1) 本文将外部知识搜寻划分为外部知识搜寻广度与深度,进而展开外部知识搜寻与企业创新绩效之间关系的探讨。一方面,将外部知识搜寻划分为深度与广度的方式的研究最为普遍,采用这种分维方式的相关研究可以为本书提供一定的论据支持与理论基础;另一方面,许多学者关注并探讨外部知识搜寻广度、深度与企业创新绩效之间的关系,但所得出的结论不尽相同。一些学者认为,跨越组织边界或技术边界的广度、深度的外部搜寻,均能带来企业创新收益的提升(Powell,Koput,1996;Baum,Rowley,2005;Fey,Birkinshaw,2005;Nieto,Santamara,2007;Keupp,Gassmann,2009);另一些学者则强调对外部知识搜寻活动中成本问题的理解,即外部知识搜寻对企业创新绩效的负面影响,因而提出了外部知识搜寻广度、深度与企业创新绩效之间的非线性关系(Laursen,Salter,2006;Almirall,Casadesus,Masanell,2010;陈钰芬,陈劲,2008a;陈钰芬,陈劲,2008b)。因此,基于外部知识搜寻广度与深度视角地探索研究,有助于形成外部知识搜寻与企业创新绩效之间关系的更为全面的认识。

(2)本文选择外部环境不确定性作为外部知识搜寻与企业创新绩效之间关系的调节变量。以往外部知识搜寻广度和深度的研究更多地聚焦于外部知识搜寻与企业创新绩效的直接关系。有关影响两者关系的外部情境因素的作用机制的研究相对缺乏。基于权变理论视角,需要引入调节变量来考察外部知识搜寻对企业创新绩效影响后果的作用机制。环境因素能够解释促进或阻碍企业外部搜寻广度或深度的外部情境,尤其是市场或技术环境的不确定性程度对于外部知识搜寻过程与效果的影响不可忽视。因此,有必要引入外部环境不确定性作为调节变量,帮助理解外部环境不确定性对外部知识搜寻广度、深度与企业创新绩效之间关系的调制强度或方向。

(3)本文选择双元能力作为外部知识搜寻与企业创新绩效关系的中介变量。作为两种不同的搜寻方式或策略,有限资源约束下,外部知识搜寻广度与深度常常被视为是相互竞争的企业行为,可能会对企业双元能力产生一定的影响。由于企业创新绩效会受双元能力影响而得到提升,因此,外部知识搜寻广度、深度可能会通过双元能力对企业创新绩效产生一定的影响。本文所指的双元能力是企业能够保持探索能力与利用能力处于某种动态均衡、协调状态的能力,本质上是这两种能力之间的平衡度。由于探索与利用的双元视角是现有研究的一种趋势,现有关于"探索"与"利用"的双元性研究相对丰富,因此,可以提供一定的论据支持与理论基础。基于此,本章构建了外部知识搜寻通过双元能力影响企业创新绩效的概念模型,帮助更为清晰地理解外部知识搜寻、双元能力以及企业创新绩效之间的逻辑关系,进而打开外部知识搜寻影响企业创新绩效的黑箱。

3.2.1　外部知识搜寻与企业创新绩效

外部知识搜寻深度是指企业创新活动对某个或某些个外部知识源利用程度,反映了企业搜索及获取边界以外知识的纵度,体现了企业对某个或某些个外部知识源的搜寻频率与强度。Katila,Ahuja(2002)认为外部知识搜寻深度能够从三个方面对企业创新绩效产生影响:第一,频繁重复的创新源搜寻能够提高所获取知识的可靠性;第二,频繁重复的创新源搜寻能够加深企业对类似知识深入地理解,促进企业对有价值知识识别获取,实现外部知识较高的可利用性;第三,频繁重复的创新源搜寻增加了企业获取、利用类似知识的经验,使得外部知识搜寻更具可预测性,提高企业外部获取的知识的有效性。

企业对某个或某些个外部知识源的深度搜寻利用,一方面,提升了企业对有价值信息、知识资源的有效识别;提升了企业对获取知识的深入理解,尤其是对关键性隐性知识的理解与使用。因此,外部知识搜寻深度越深,企业对某个或某些个外部知识源知识的识别程度越高、理解程度越高,促进企业形成特定的外部搜寻路径,降低外部知识搜寻发生错误的可能性几率,提高企业创新所需外部知识的可靠性、有效性,从而促进企业创新绩效的提升。另一方面,随外部知识搜寻深度的增加,企业的特定外部知识搜寻路径的搜寻经验也随之增加,提高了企业外部知识搜寻的可预测性。企业对特定路径中知识的重复搜寻产生的知识经验能够以反馈的形式促进企业对该路径知识进一步地获取与利用,进而实现企业重组整合能力的提升。因此,外部知识搜寻深度越深,企业对某个或某些个外部知识源所积累的搜寻经验越多、知识经验越多,搜寻经验的积累能够帮助企业提升外部搜寻路径的预测能力,知识经验的积累能够帮助企业提升对类似知识的重组整合利用能力,从而促进企业创新绩效的提升。正如 Laursen,Salter(2006)所指出的,外部知识搜寻深度有助于企业相关路径搜寻经验的积累以及知识交换关系的培育,因而,外部知识搜寻对企业创新绩效具有一定的积极影响。

Katila,Ahuja(2002)的研究发现,企业外部知识搜寻深度与创新绩效之间是一种非线性的、复杂的相关关系。随着外部知识搜寻深度的不断增加,当超过一定阈值时,进一步地深度搜寻会为企业创新绩效带来消极负面的影响。过度的深度搜寻对企业创新绩效的负面影响可归纳为以下两个方面:第一,外部知识源都是有一定潜在极限的,对外部知识搜寻的深度搜寻过程实际上是一个边际效用以及边际收益递减的过程;第二,过度的外部知识深度搜寻容易造成企业搜寻路径的"锁定",陷入"熟悉陷阱"、"能力陷阱",进而导致企业的核心刚性(Katila,Ahuja,2002;Laursen,Salter,2006;Hwang,Lee,2010)。因此,当外部知识搜寻深度达到某一程度时,企业外部知识搜寻深度对企业创新绩效的消极影响发挥主导作用,阻碍企业创新绩效的提升。

基于上述分析,本书提出以下假设:

假设 5:外部知识搜寻深度对企业创新绩效有倒 U 型影响,即当外部知识搜寻深度超越某一阈值,外部知识搜寻深度对企业创新绩效的负面影响将超过外部知识搜寻对企业创新绩效的正面影响,阻碍企业创新绩效的提升。

外部知识搜寻广度是指企业创新活动所依赖的不同的外部知识源的数量,反映了企业搜索与获取边界以外知识的广泛程度,体现了企业对多样化外部知识源的搜寻偏好。一些学者指出,企业外部知识搜寻中选择多样的外部知识渠道有利于企业创新的提升(Laursen,Salter,2006;Chiang,Hung,2010;Hwang,Lee,2010)。

企业难以拥有创新所需的全部知识资源,供应商、零售商、客户、竞争者、高等院校和科研机构等不同组织是企业创新所需外部知识的重要来源。企业外部知识搜寻领域越广阔,越能够提升企业接近、识别与利用互补知识的可能性。企业开展广泛地外部创新搜寻所获取的互补性知识资源能够帮助企业降低创新成本,确保企业能够专注于核心技术的研发,促进企业核心竞争力的构建,提高企业的创新成功机率(Narula,2004;Postrel,2002)。Becker,Dietz(2004)的研究发现,企业创新活动的进行需要在两种不同类型知识资源上进行投资:一种是一般性创新知识,这种类型的知识通常是可以通过与第三方建立正式或非正式的搜寻关系获得,如新兴的技术或市场知识、通用的科学等;另一种是特殊性创新知识,这种类型的知识是企通常是指企业的核心技术知识,如技术诀窍、秘方等;企业对外部不同领域知识的搜寻利用广泛度越高,企业所能获取的一般性创新知识越充足,企业越能够集中精力于能够促进企业核心竞争力提升的特殊性创新知识中,从而提高创新活动的效率。因此,随着企业外部搜寻广度的增加,企业所能获取创新所需的互补性知识资源越丰富,有利于企业创新绩效的提升(Rotheaermel,2001)。

随着企业外部知识搜寻广度的增加,不同来源的外部知识既增加了企业获取知识的多样性,也增加了企业知识重构的可能性(Nieto,Santamaría,2007;Nelson,Winter,1982)。仅仅运用企业熟悉领域知识进行的知识创造所能产出的创新成果比较有限,外部知识搜寻广度的提升,使企业能够利用不同领域知识间的交互作用扩充内部现有知识基,帮助企业发现或建立新旧知识之间的关系,避免企业陷入"熟悉陷阱",提高企业知识重组的新颖性,促进新思维、新想法的产生,有利于企业创新绩效的提升。Harga-don,Bechky(2006)的研究指出,开展多种类型外部知识源的创新搜寻活动使企业能够获得更为新颖的技术或顾客解决方案,有利于企业的创新绩效的提升。创新常常发生于现有知识与异质性知识的重新组合中(Henderson,Clark,1990;Katila,Ahuja,2002)。丰富多样的外部知识源增加了企业所能够获取的互补性知识以及新的变异、新颖的知识组合的可能性,有利于企业寻求新的问题解决方式;通过对多种知识来源的搜索,也能够使企业获得更加广泛的知识基础,促进企业灵活性的提高,避免陷入能力刚性或能力陷阱,有利于企业创新绩效的提升(Ahuja,Lampert,2001)。

交易成本理论认为,企业外部搜寻的各类成本会随着外部搜寻广度的增加而增加。一些学者认为,当外部搜寻广度超过某一临界点后,企业搜寻成本、交易成本、整合利用成本显著增加,外部搜寻对企业创新绩效的负面影响超过外部搜寻带来的正面影响,因而,企业外部搜寻广度对企业创新绩效是一种倒 U 型的影响(Wu,Shanley,2009;Rothaermel,Deeds,2006;Hwang,Lee,2010)。然而,本文认为,由于外部知识搜寻涉及的转移知识大多是以信息为主要载体或形式,常常是非正式的、依赖于私人关系或社会网络进行外部搜寻活动,不会产生过多的交易成本、协调成本(Granovetter,1973;Hansen,1999)。虽然外部知识搜寻广度的增加会造成一定程度的外部知识处理利用成本的增加,但由于外部知识搜寻广度产生的积极效应能够大大减低企业创新的不确定性(Pyka,1997;Kang,2014),因此,总体而言,外部知识搜寻广度有利于企业创新绩效的提升。

基于上述分析,本书提出以下假设:

假设 6:外部知识搜寻广度对企业创新绩效有正向影响,即外部知识搜寻广度越广,越有利于企业创新绩效的提升。

3.2.2　外部环境不确定性的调节作用

随着经济全球化与信息科技的迅猛发展,企业所处的外部环境充满了未知与不确定性。外部环境的不确定性主要体现在两个方面:科技发展推动新技术的涌现,打破行业原有标准与主导设计,技术突破速度不断推进,行业技术环境不确定性程度持续提升;顾客对产品、服务多样化、差异化诉求的增加,产品生命周期不断缩短,推动着市场需求的不断变化,外部市场环境不确定性程度持续提高(Moorman,Miner,1997;Kessler,Bierly,2002)。

当企业所处外部环境不确定性程度较低时,相对稳定的行业技术环境和市场环境使得企业可以根据行业技术标准、主导设计的把握,预测未来的市场发展趋势,增加对外部知识深度搜寻的投入,以获取与企业现有资源相关性较高的外部资源,通过改进、提升现有产品、服务品质满足顾客需求,获得渐进式创新收益。随着不确定性程度的提高,资源的有限性、稀缺性,研发的高成本以及跨领域研发、设计对现有技术的突破式创新的冲击,企业难以把握、应对外部环境的快速变化,对外部异质性资源的需求越来越迫切。从交易成本的角度来看,不确定性增加时,会带来跨边界交易成本的迅速增加。然而,外部环境不确定性越高,意味着企业面临的创新风险越大,从外部获取创新所需的多样的资源既能够降低创新成本也能够帮助分担创新风险。Lowe,Taylor(1998)认为,技术环境的不确定性会促使企业开展更为广泛的外部创新搜寻。Drechsler,Natter(2012)的研究结论表明,市场需求的不确定性增加了企业采用广度优先知识搜寻策略的可能性。

从外部知识搜寻深度、广度对企业创新绩效的作用来看,随着外部环境不确定性的增加,企业所要解决的非结构性问题增多,对以往搜寻经验或惯例的过度依赖容易导致企业创新产品或服务难以跟上市场变化,陷入"熟悉陷阱"。因此,在外部环境不确定性程度较高时,企业外部知识的深度搜寻会阻碍企业创新绩效的提升。相对于内部研发或外部知识深度搜寻而言,广泛地外部知识搜寻活动能够降低企业创新成本与创新风险,更好地应对外部环境不确定性带来的威胁、挖掘及把握潜在机遇,获取跨技术、跨行业、跨领域的异质性知识。外部知识搜寻范围越广,企业所能获取利用的差异化知识资源对现有知识的补充、重构及再创造的可能性越高,有助于企业创新绩效提升。因此,在外部环境不确定性程度较高时,企业外部知识的广度搜寻有利于企业创新绩效的提升。

基于上述分析,本书提出以下假设:

假设7:外部环境不确定性负向调节外部知识搜寻深度与企业创新绩效之间的关系。

假设8:外部环境不确定性正向调节外部知识搜寻广度与企业创新绩效之间的关系。

3.2.3 双元能力与企业创新绩效

商业环境中竞争愈演愈烈,创新成为企业参与市场竞争的基本条件,持续的创新能力被认为是企业取得竞争优势的源泉(Subramaniam,Youndt,2005)。企业创新常常发生于内部已有资源与跨越组织边界的外部异质性资源的整合、重组与再创造,帮助企业实现技术、产品创新的目标,并此过程中提升不断提升自身的创新能力。苹果公司通过与价值链上的利益相关者的合作,整合差异化的知识资源,为顾客创造了新的价值,也实现了自身创新能力的提升与丰厚的创新收益的取得。基于这种背景,创新研究中的对现有资源的利用能力与新资源的探索能力议题受到了越来越多的学者的关注与重视(周玉泉,李垣,2006)。

　　探索能力是企业能够通过对不熟悉领域资源的探寻与获取,识别机遇、拓展市场,创新技术、产品或服务,提供新的顾客价值以应对加剧的不确定性的能力。探索能力的关键词涉及:"冒险"、"尝新"、"反复试错"等(March,1991)。探索能力的培养能够帮助企业所获取异质性资源,并对内外部资源的重新组合或再创造,从而获得新颖的技术解决方案、开拓新的市场,提升企业研发与创新能力,有利于企业创新绩效的提升(Ahuja,Katila,2001;Keizer;Halman,2007)。探索能力的培养有助于企业外部异质性知识资源有效甄别率的提高,有助于企业克服"锁定"及"能力陷阱"问题(Zahra,George,2002)。企业构建及发展探索能力的目的是获取有价值资源组合、挖掘潜在市场机遇,提高了企业创新能力,增加企业创新的收益(Patel,Pavitt,1997;Wadhwa,Kotha,2006)。

　　利用能力被定义为企业创新对熟悉领域知识资源的提炼与开拓,改进现有技术、改善产品或服务、提高知识资源利用率,以扩大和延伸顾客现有价值的能力;利用能力的关键词涉及:"提炼"、"甄别"、"效能"、"抉择"以及"执行"(March,1991)。利用能力的培养使企业能够通过对现有技术进一步挖掘与提炼,确保创新的效率以及运行的稳定性。利用能力的提升促进了企业现有技术不断完善与成熟,相关经验也越来越丰富,有助于企业对于创新资源组合的构建、选择及应用的有效性,现有技术、产品或服务的开发成功率更高,创新收益更明确(March,1991;Benner,Tushman,2002;Zollo,Winter,2002)。利用能力的提升虽然无法帮助企业进入新的技术轨迹或者开拓新的市场,但是通过对现有资源的深入挖掘、整合外部相关性、联结的互补性资源,加强了企业对熟悉领域知识资源的提炼与开拓,利用活动,实现了对企业现有的技术的改进、完善,现有技术潜能开发以及知识资源利用率的提高,有利于企业创新绩效的提升。

《基业长青》一书中指出,高瞻远瞩的公司不受二分法的限制,他们能够使用兼容并蓄的方法,让自己脱出两难困局,同时拥抱若干个层面的两个极端(Collins,Porras,1994)。当企业为了调适环境,必须在改良式学习与探索式学习之间取得平衡,而双元模式(Ambidexterity)正是一种可行的方式(Gupta,Shalley,2006)。Benner,Tushman(2003)指出,双元模式是通过链接松散且具差异性的单位或个人,同步追求利用活动与探索活动,同时培养利用能力与探索能力等等。

本文认为,仅仅偏重于单一的探索能力或是利用能力的构建与培养,容易导致企业陷入不同的创新困境。由于这两种能力自身具有不断加强的特征,当企业只重视对探索能力的培养时,企业外部创新性探索活动的失败,会促使企业寻找其他的新想法来进行进一步地探索,对探索活动的过度投入容易造成企业短期创新一再受挫,难以及时收获创新成效,导致企业陷入"创新陷阱"、"失败困境"(Lavie,Stettner,Tushman,2010;Ahuja,Lampert,2001;朱朝晖,陈劲,2007);与之相反地,当企业仅仅重视利用能力的培养时,企业虽然容易获得短期的创新成功,但短期的成功会导致企业更加重视利用能力的构建,而对利用活动过度投入容易造成企业难以获取长期竞争优势,导致企业陷入"熟悉陷阱"、"成功困境"(Katila,Ahuja,2002;Atuanhene-Gima,Murray,2007)。双元能力是企业能够保持探索能力与利用能力处于某种动态均衡、协调状态的能力。双元性能力强调对探索与利用活动两者的整体兼顾。双元能力的构建使得企业既能够通过开展有效创新探索活动，以获得异质的资源组合，发现潜在的创新机遇，通过企业创新确保企业的长期生存发展；也能够充分利用现有资源，培养企业的利用能力，保障企业创新效率及短期创新收益，帮助企业在适应环境的同时构建长期竞争优势，实现在长期与短期中都能实现目标的创新绩效水平（Levinthal，March，1993；McGrath，2001；Lavie，Stettner，Tushman，2010；He，Wong，2004）。

基于上述分析，本书提出以下假设：

假设 9：双元能力对企业创新绩效有正向影响。

3.2.4　双元能力的中介作用

外部知识搜寻深度、广度对企业创新绩效的直接影响受到了广泛地关注，同时也获得了广泛地证实。然而，Vrande 等人（2011）对这种直接影响作用提出了质疑，他们认为，在已揭示的直接作用路径背后应当还存在着具有中介效应的其他变量。"动因—能力—绩效"研究范式认为企业双元能力是影响企业绩效（如创新绩效、经营绩效、财务绩效等）表现的重要因素，企业双元能力也会受来自企业内外部不同因素的影响。"动因—能力—绩效"研究范式能够较好地描述影响的双元能力某种因素对企业绩效结果的作用机制。蔡宁，闫春（2013）认为，外部知识搜寻深度、广度是先对探索能力与利用能力产生影响，进而促进或抑制企业创新绩效。因此，结合学者们提出的意见与观点，本文选择双元能力作为外部知识搜寻与企业创新绩效关系的中介变量，对双元能力的中介作用进行深入探索。

企业所能够深度搜寻获取、利用的资源往往与企业内部现有资源较为相似或相关（Laursen, Salter, 2006; Katila, Ahuja, 2002）。外部知识搜寻深度与企业利用能力的关系密切（Ahu, Menguc, 2005; 于海波, 郑晓明, 方俐洛, 2008）。外部知识搜寻深度越高, 越会贴近企业现有知识基; 现有知识类似知识的搜寻增加了企业内部知识存量, 但并会显著增加知识的多样性（Brady, Davies, 2004）。因此, 外部知识搜寻深度能够促进企业利用能力的提升。外部知识搜寻深度较高的企业往往强调对现有技术的改进、产品或服务的改善, 以提高内部知识资源的有效利用率, 扩大并延伸顾客现有价值, 确保企业创新稳定性收益（Wadhwa, Kotha, 2006; Laursen, Salter, 2006）。在现有技术或市场范围内开展的外部知识搜寻活动, 难以跳脱现有价值网络束缚而搜寻新颖的信息知识资源。外部知识搜寻深度越高, 越倾向于利用能力的发展。由于外部深度搜寻来的知识资源对利用能力的促进作用能够帮助企业获得稳定的、可预测的, 短期的创新收益, 相对应地, 企业对探索能力的关注与投入逐渐减少（Levinthal, March, 1993）。随着外部搜寻深度的增加, 企业探索能力以及探索能力与利用能力的双元平衡效果不断下降。企业创新活动中对外部知识搜寻深度的增加, 容易造成企业过度嵌入于某个价值网络中, 随着价值网络的束缚的增加, 企业会进一步开展深度的外部知识搜寻, 企业将难超越既定价值网络而搜寻开发新市场或潜在需求的异质性知识资源, 抑制企业探索活动的开展以及探索能力的培育（Gupta, Shalley, 2006; 朱朝晖, 陈劲, 2007）。外部知识搜寻深度的加深, 嵌入性相应提高, 容易使企业陷入强关系陷阱, 导致企业的"嵌入刚性", 阻碍企业双元能力的平衡效应的实现（He, Wong, 2004）。因此, 外部知识搜寻深度越高越能促进企业利用活动的开展以及利用能力的提升, 当外部知识搜寻深度超过某一临界点时,探索能力与利用能力之间冲突与矛盾越来越显著,探索能力与利用能力之间的相对平衡水平逐渐下降,不利于企业双元能力的提升。

基于上述分析,本书提出以下假设:

假设 10:外部知识搜寻深度对双元能力有倒 U 型影响,即当外部知识搜寻深度超越某一阈值,外部知识搜寻深度对企业双元能力的负面影响将超过外部知识搜寻对企业双元能力的正面影响,阻碍企业双元能力的提升。

外部知识搜寻广度越高,越有利于企业探索能力的提升以及探索与利用的相对平衡效果。一方面,与外部知识搜索深度相比,外部知识搜寻广度更能促进企业对新领域知识的探索与获取,因而外部知识搜寻广度与探索能力的关系更加密切。利用能力的培育与发展是建立在现有的知识基础上的,外部深度搜寻到的与现有知识相似或相关的扩展知识能够为企业利用活动及利用能力提升提供有效地支持;而探索能力的培育与发展则是建立在与现有业务领域差异较大的其他领域的知识之上,企业探索能力的提升往往企业拓展搜寻范围,获取与现有知识基础差异较大的知识资源(Ahuja,Katila,2004)。当外部知识搜寻广度较低时,企业外部知识搜寻较为局限,难以接触到新颖的技术知识或新兴市场知识(Sidhu,Commandeur,2007;Schoenmakers,Duysters,2010)。另一方面,随着外部知识搜寻广度的提高,企业所能获取的知识资源的异质性程度增加,有利于企业获得更为新颖性知识组合或问题解决方案,帮助避免陷入企业强关系陷阱、克服嵌入刚性的困境(He,Wong,2004)。Gupta,Shalley(2006)的研究结果显示,探索与利用平衡模式的选择受到知识禀赋的影响,当企业拥有充足的知识资源时,探索与利用能通过合理配置、利用知识资源相互促进与补充,两种能力的协同关系显著,相对平衡的双元模式有利于企业发展。外部知识搜寻广度的增加意味着企业创新所需知识资源边界扩大,企业可以在更为广阔范围内进行知识的优化与重组,进而提高企业外部多样化知识资源可得性,帮助企业缓解探索能力与利用能力之间的张力,降低企业内部有限资源对企业双元能力平衡效果实现的约束(Gupta,Shalley,2006;张振刚,李云健,余传鹏,2014)。外部知识源多样性的增加也能够帮助企业实现双元能力的跨组织分离,获得组织安排上的柔性,降低同时发展探索能力与利用能力的内部冲突与矛盾,有利于企业双元能力相对平衡效果的实现(Rothaermel,Deeds,2004;Eisenhardt,Martin,2000)。因此,外部知识搜寻广度不仅能够提供企业创新活动所需的多样化知识资源,既能促进企业探索能力的提升,也对企业双元能力的构建与提升也具有积极正面的作用。

基于上述分析,本书提出以下假设:

假设 11:外部知识搜寻广度对双元能力有正向影响,即外部知识搜寻广度越广,越有利于企业双元能力的提升。

Baron,Kenny(1986)指出,社会科学以及行为科学研究领域,中介变量的引入通常要求建立自变量与中介变量以及中介变量与因变量之间的较强的相关关系。通过第二章及本章对外部知识搜寻深度、广度与双元能力之间关系,以及双元能力与企业创新绩效之间的关系进行了详细的分析与阐述。结合 Baron,Kenny(1986)的观点,可以做出双元能力对外部知识搜寻深度、广度与企业创新绩效之间关系产生着一定的程度的中介效应的推断。

基于上述分析,本书提出以下假设:

假设 12:双元能力在外部知识搜寻深度与企业创新绩效关系中起部分中介作用。

假设 13：双元能力在外部知识搜寻广度与企业创新绩效关系中起部分中介作用。

3.3　本章小结

本章紧紧围绕"外部知识搜寻"这一核心概念，通过"管理者认知对外部知识搜寻的影响"以及"外部知识搜寻的企业创新绩效的作用机制"这两个子研究，明确回答了的本书所提出的"微观个体层面的管理者认知对企业外部知识搜寻有怎样的影响？"、"外部知识搜寻与企业创新绩效之间的有怎样的关系？"、"外部环境不确定性对外部知识搜寻与企业创新绩效关系的有怎样的调节作用？"、"双元能力与企业创新绩效之间有怎样的关系？"以及"外部知识搜寻如何通过影响双元能力，从而对企业创新绩效产生影响的？"等五个子问题。具体而言，本章关注了以下两个方面：(1)选择管理者认知集中性、管理者认知复杂性作为关注的影响企业外部知识搜寻的微观个体层面因素，深入探讨管理者认知集中性与认知复杂性对外部知识搜寻深度、广度的影响作用；(2)虽然许多学者关注并探讨外部知识搜寻广度、深度与企业创新绩效之间的关系，但所得出的结论不尽相同。本文基于外部知识搜寻广度与深度视角地探索研究，以期形成外部知识搜寻与企业创新绩效之间关系的更为全面的认识。针对以往外部知识搜寻广度和深度的研究更多地聚焦于外部知识搜寻与企业创新绩效的直接关系，有关影响两者关系中间机制的探讨相对缺乏的问题，本文引入了双元能力作为外部知识搜寻与企业创新绩效关系的中介变量。作为两种不同的搜寻方式或策略，有限资源约束下，外部知识搜寻广度与深度常常被视为是相互竞争的企业行为，可能会对企业双元能力产生一定的影响。由于企业创新绩效会受双元能力影响而得到提升,因此,外部知识搜寻广度、深度可能会通过双元能力对企业创新绩效产生一定的影响。针对现有研究对影响外部知识搜寻与企业创新绩效两者之间关系外部情境因素的探讨的不足,本文采用权变思路,引入了外部环境不确定性作为外部知识搜寻与企业创新绩效之间关系的调节变量,帮助理解外部环境不确定性对外部知识搜寻广度、深度与企业创新绩效之间关系的调制强度或方向。本章通过对子研究一与子研究二的理论推导与论证,提出了以下 13 个假设,汇总如图 3.1、表 3.1 所示:

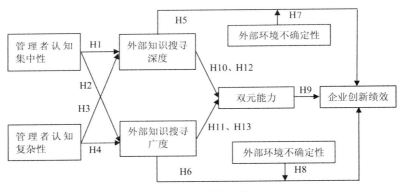

图 3.1   本书概念模型

表 3.1   研究假设汇总

研究假设	
假设 1	管理者认知集中性对外部知识搜寻深度有正向影响
假设 2	管理者认知集中性对外部知识搜寻广度有负向影响
假设 3	管理者认知复杂性对外部知识搜寻深度有负向影响
假设 4	管理者认知复杂性对外部知识搜寻广度有正向影响
假设 5	外部知识搜寻深度对企业创新绩效有倒 U 型影响
假设 6	外部知识搜寻广度对企业创新绩效有正向影响
假设 7	外部环境不确定性负向调节外部知识搜寻深度与企业创新绩效之间的关系

（续表）

研究假设	
假设 8	外部环境不确定性正向调节外部知识搜寻广度与企业创新绩效之间的关系
假设 9	双元能力对企业创新绩效有正向影响
假设 10	外部知识搜寻深度对双元能力有倒 U 型影响
假设 11	外部知识搜寻广度对双元能力有正向影响
假设 12	双元能力在外部知识搜寻深度与企业创新绩效关系中起部分中介作用
假设 13	双元能力在外部知识搜寻广度与企业创新绩效关系中起部分中介作用

4. 研究方法与研究设计

　　本书选取了经济发展水平较高的山东省、江苏省以及福建省作为样本收集地区。外部环境的不确定性,资源的稀缺性、信息的不完备性,束缚着企业创新活动的有效开展。为克服企业创新受限于有限的内部知识资源与研发能力的困境,自 2007 年以来,山东省、江苏省及福建省内均有数万家企业开展了向外部搜寻、获取创新资源的开放式创新活动。在上述地区内进行调研,能够为本书提供丰富的样本。另外,多产业的调研相较于单一产业调研能够提供适用性更为广泛的研究结论(Alegre,Chiva,2008)。本调研对象的选取范围比较宽泛,本书将在不同产业中选取从事创新活动的制造类企业作为调研对象。本书选取的解释变量管理者认知是微观个体层面的变量,因此,本书的问卷发放对象选择了每个企业的最终决策者。企业最终决策者对企业创新实践活动、企业能力以及创新成果等方面有更为清晰地了解,由企业最终决策者来填写问卷将能充分反映、判断量表各测度题项的合理程度,为后续数据处理提供客观、可信的基础数据。

4.1 问卷设计

问卷设计的原则是保证问卷的科学性和可靠性。定量分析所需的有效、可靠且高质量的数据的获取是对本书实证分析客观性、科学性的基本保障。本书着眼于影响外部知识搜寻行为的微观个体层面的管理者认知、外部知识搜寻不同维度以及企业创新之间关系,由于本书所涉及的外部知识搜寻深度、外部知识搜寻广度、管理者认知以及双元能力等信息难以从企业所公布的财务报告、数据库中获得,因此公开的资料定量评价各个变量的可行性不高。基于以上考虑,本书将采取问卷调查法搜集所需数据。在保证问卷题项一致性的前提下,多题项设置较单题项设置能获得更高信度的测量数据(Churchill,1979)。因此,本书将设置多个题项对变量进行测量。

由于本书调查问卷主体题项采用 Likert7 点量表进行测量,被调研者的回答主要建立于自身的主观评价之上,可能会对问卷的科学性与可靠性带来负面影响,而使搜集的数据结果产生偏差。Fowler(2009)指出问卷搜集数据偏差主要产生于以下四个方面,参考现有相关研究,针对这四各方面提出相应的应对措施,最大限度地降低其对准确数据获取带来的负面影响:

(1)针对可能出现的被调研对象无法回忆起某问题所涉及的相关信息的情况,本问卷所设置题项均为企业近三年内的情况,从而降低因被调研对象记忆问题所引致的数据偏差。

(2)针对可能出现的被调研对象对于某问题不知如何作答的情况,本书有针对性的选择能够全面掌握企业经营运作情况的创业家、企业家或者高层管理人员为被调研对象。

（3）针对可能出现的被调研对象对于无法理解某问题的情况，在问卷设计过程中积极寻求学术界相关领域专家以及企业界人士的意见与建议，反复斟酌问卷题项的语义表述与措辞的准确性与明晰性，同时为尽量避免某问题潜在的诱导性，以及被调研对象可能出现的一致性动机问题，问卷将不对研究内容和逻辑进行说明，也不会设置关于外部知识搜寻与企业创新绩效、双元能力之间关系的暗示，避免被调研对象在问卷作答过程中可能受到的影响，确保问卷题项设计的客观性。

（4）针对被调研对象主观上不愿对某问题进行作答的情况，在问卷引语部分向被调研对象阐明此次调研纯属学术研究目的，不带有任何商业性质，不涉及任何商业机密，对所获取信息的安全性、保密性做出承诺。

4.1.1　问卷内容设计

问卷设计的基本依据是研究的内容，问卷的构成安排应尽量做到内容完整、信息准确以及逻辑结构严谨。本书问卷内容主要包括以下四个部分：

（1）标题与引语。这一部分主要是对调研者身份、调研目的、调研所关注的主要内容以及问卷的用途、问卷的保密和匿名条款等安全性问题保证的陈述。需要强调的是，引语对于问卷调查而言非常重要，清楚明确的引语能够帮助被访者在有效了解调研者基本信息的情况下，更准确的理解与把握问卷内容，给被访者一定的时间进行思考，有利助于对问卷主体部分的具体题项的解答。对于被调查者最担心的安全性问题，引语的设置能够为被调查者消除疑虑提供有效的帮助，促进被调查者积极配合意愿。

（2）企业基本信息。这一部分主要是对被调查者所属企业基本信息的掌握，具体包括企业所属行业、规模、成立年限、所有制性质的基本情况等。通过被调研企业基本信息的获取，分析问卷调查样本所在行业、成立年限以及企业规模情况。

（3）被访谈者信息。这部分主要是关注被调查者职位（是否属于主要管理人员），以确保问卷所得信息的真实可靠。通常情况下，高层管理人员对于企业运营情况有更为全面和深入的了解。另外，问卷还关注了被调查者的受教育程度以及工作年限。

（4）问卷的主体。测度量表共设置 31 个测量题项，包括企业创新绩效、管理者认知、外部知识搜寻、双元能力五个部分。企业创新绩效部分设置了 4 个测量题项；管理者认知部分对管理者认知集中性与复杂性的测量分别设置了 3 个测量题项；外部知识搜寻部分通过对 8 种不同的外部知识源使用情况的打分测量外部知识搜寻深度与广度；双元能力部分对利用能力与探索能力的测量分别设置了 4 个题项；外部环境不确定性部分设置了 5 个测量题项。基于 Likert 量表法进行测量设计，所设置题项由针对某种事实所持态度、观点的陈述组成①。调查问卷中所有指标均采用 7 点计分法，1 点代表非常不符合，2 点代表不符合，3 点代表有些不符合，4 点代表中立，5 点代表有些符合，6 点代表符合，7 点代表非常符合。

4.1.2　问卷过程设计

本书将遵循 Churchill（1979）等学者的建议，通过下述流程展开问卷设计：（1）通过文献梳理及企业实地访查形成初步的问

---

① 转引自李怀祖（2004）。

卷题项；(2)通过与学术界相关领域专家的探讨，对题项内容、布局、容量进行调整；(3)向企业家进行咨询，征求他们的意见，进一步完善问卷题项，形成《管理者认知、外部知识搜寻对企业创新绩效影响的研究》的最终问卷（详见附录）。问卷设计的具体过程如下：

第一阶段：文献梳理与田野调查。通过对有关外部知识搜寻、管理者认知、双元能力等现有相关文献的搜集、阅读，对国内外相关文献中被广泛引用的构思及成熟的量表进行甄选与整理，初步的获得问卷题项设置思路。结合理论工作成果，形成实地访谈调研提纲进行田野调查，笔者深入多家企业与企业高层管理人员进行访谈，了解我国企业实施创新活动的实际情况，掌握调查对象特点。综合相关研究中的成熟量表以及田野调查获得的新的启示，完成问卷初稿。

第二阶段：与学术界专家进行探讨。由导师及其带领下的科研团队对第一阶段形成的问卷初稿广泛征求意见并进行可行性讨论。学术讨论会上，对各个变量之间的逻辑关系、变量测量题项的设置、问卷题项的措辞问题等问题提出建设性意见。笔者根据这些建议修改题项措辞、调整题项归类、并对部分题项进行了添加或删减，以期问卷题项设置能够实现对所研究的理论构面的基本涵盖。经过本阶段的调整，形成问卷的第二稿。

第三阶段：向企业家咨询。通过与 5 位企业高层管理人员的深入交流，征求他们对本文所研究主问题的意见。笔者就本书所涉及的外部知识搜寻、企业创新绩效、管理者认知、双元能力的理解、变量测度以及变量之间的逻辑关系与企业经营实践的契合程度，并对问卷题项表达的明晰、易懂等问题征询了他们的意见。经过两次次调整，最后确定本书的正式的调查问卷。

4.2　变量测度

本书所涉及的变量的测量借鉴了国内外相关研究中成熟量表或根据权威文献整理得来。下面将对本节所涉及的被解释变量、解释变量及控制变量的测量展开具体地说明。

4.2.1　企业创新绩效的测量

本文选取企业创新绩效作为研究的被解释变量。企业创新绩效是管理领域学术研究中较常出现的研究变量,然而,由于创新过程与创新成果产出的复杂且多样,根据研究对象、研究目的的不同,学者们采用不同的测量指标对企业创新绩效进行度量。对相关研究中企业创新绩效的测量指标来看,对创新绩效指标的选用主要基于三个方面的考虑:(1)基于创新投入角度的测量指标主要包括企业 R&D 支出、研发人员占比、创新专用性资产投资等;(2)基于创新产出角度的测量指标是对企业所拥有的专利数量以及年均新产品数量的评价。其中,专利数被被看作是度量企业创新绩效的重要指标。国外许多学者的相关研究均是从专利数量为衡量指标对企业创新绩效进行度量(Arunder, Kabla, 1998; Brouwer, Kleinknecht, 1999; Tsai, 2001; Hagedoorn, Cloodt, 2003; Ahuja, 2000);(3)基于实际经济效果的测量指标主要包括,新产品销售收益在总收益中的占比、新产品推出速度等,是创新对经济效益的直接评价,也是相关研究中对创新绩效进行考量的最为普遍的方法。只考虑单一方面的测量指标不能给予创新绩效全面的考量,如采用企业 R&D 支出、研发人员占比等指标只是对创新活动成本投入、资源耗费消耗的衡量,不能体现创新活动的最终成果;只采用专利数据的度量也存在着明显缺陷,创新活动是包含创意、完善、研发、测试到推广的完整过程,专利的获得并不等价于超额利润的获得。

因此,通过对已有相关度量方法的回顾与分析,借鉴有关专家学者的意见,

本书将采用 4 个题项对企业创新绩效进行测量:(1)新产品销售收入占总销售收入的比重;(2)企业年均新产品推广数;(3)企业年均专利申请数量;(4)企业推出新产品速度。如表 4.1 所示,采用 Likert7 点计分法,由被调研对象根据自身实际情况进行作答。

表 4.1   变量测量——企业创新绩效

测量题项	来源或依据
新产品销售收入占总销售收入的比重	Bae,Gargiulo(2003);Tsai(2001);朱朝晖(2007);郑素丽(2008);彭新敏(2009)
企业年均新产品推广数	
企业年均专利申请数量	
企业推出新产品速度	

4.2.2 外部知识搜寻的测量

在管理者认知对外部知识搜寻影响机制的研究中,外部知识搜寻的广度与深度是本书所选的被解释变量。对于外部知识搜寻广度与深度的测量目前应用的最为普遍的是 Laursen,Salter(2006)测度创新开放度的方法。Laursen,Salter(2006)基于经济合作与发展组织(OECD)发行的奥斯陆手册(Oslo Manual)中对企业外部创新来源的分类思想,将企业外部创新源划分为四种类型——外部市场类创新源、服务及研发机构类创新源、标准类创新源、其他类创新源(共包含 16 小类),如表 4.2 所示。

表 4.2 外部创新来源

知识源类型	具体渠道
外部市场类	顾客与分销商;设备、原材料或元件供应商;竞争者;咨询顾问/公司;商业实验室
服务及研发机构类	高等院校;研究所(政府或公共);研究所(私人);公共创新服务机构
标准类	行业技术标准;健康安全标准;资源环境标准
其他类	专业学术论坛或会议;行业协会;各类数据库;交易会/博览会

资料来源:Laursen,Salter(2006)

　　他们以企业所拥有的外部创新源的数量测度外部搜寻的广度;采用 0—4 打分法测量深度(设计四分量表,要求企业作答,当回答为"0","1","2","3"时记为 0;当回答为"4"时记为 1)。这种方法测量出的广度与深度的取值均在 0—16 之间。

　　Keupp,Gassmann(2009)基于他们对外部创新源的划分,借鉴 Laursen,Salter(2006)对广度与深度的测度方法,所测量出的广度与深度的取值在 0—13 之间。Poot 等人(2009)的研究中首先是根据 Laursen,Salter(2006)的测度方法对广度与深度进行问卷题项的设置与计量,在此过程中他们考虑了时间因素可能带来的误差,因而对获取数据进行了 0—1 的标准化处理;其次,他们把广度与深度整合为一个指标,计算了这个整合指标对于企业创新绩效的影响作用。Lee 等人(2010)将中小型企业的外部创新源泉划分为 17 种,根据企业对着 17 种外部创新源泉的使用与否采用 0—1 计分法进行赋值,进一步加总所得结果代表企业的创新开发广度;创新开放深度的测度采用的是企业对 17 种外部创新源的利用程度的 3 等分法,将回答为"中"、"低"的答案赋值为 0,将回答为"高"的答案赋值为 1。国内学者陈钰芬,陈劲(2008)借鉴了

Laursen, Salter(2006)等人的测度方法设置了相似问卷,值得注意的是,他们将问卷题项答案由原来的四分法扩展为七分法,并使用两组题项分别测度广度与深度。具体而言,他们设置测量深度的题项答案时使用了 Likert 7 点量——从"很不重要"到"极端重要"逐渐加深;他们设置测量广度的题项答案摒弃了原来仅仅以"是否用到"之类的问题的测度标准,选择以企业创新过程中对不同外部创新来源的使用频率进行测量,通过设置"从未"、"年"、"半年"、"季度"、"月"、"周"、"天"题项答案,评价企业对该创新源的使用与否。另外,创新开放深度计算方法上,他们利用主成分分析法(PCA)计算收集而来的数据的相关系数矩阵的最大特征根及其对应的单位特征向量,进而获得第一主成分表达式,计算不同外部创新源所占比重,并进行标准化以所得得分系数代表创新开放深度。Laursen, Salter(2006)等学者划分外部创新来源的方式既体现了企业获得新想法、新思维的不同源泉,也体现了企业外部创新搜寻的不同知识渠道。这种划分方式能够将外部知识搜寻与外部创新来源有机地联系在一起。

基于上述分析,本书通过对已有相关度量方法的回顾与分析,借鉴 Laursen, Salter(2006)等学者的意见,采用 8 个题项对企业外部知识搜寻进行度量:(1)与行业内其他企业员工进行频繁接触与交流;(2)与行业外其他企业员工进行频繁接触与交流;(3)与原材料或设备供应商进行频繁接触与交流;(4)关注客户潜在需求或积极解决客户所提出问题;(5)与大学或科研机构进行频繁的接触与交流;(6)积极参与行业协会或政府提供的座谈或培训;(7)与风险投资投资机构保持着紧密的联系;(8)与技术中介组织机构进行频繁的接触与交流。如表 4.3 所示,采用 Likert7 点计分法,由被调研对象根据企业创新中的实际选择进行作答。

表 4.3 外部知识搜寻渠道

外部知识搜寻渠道	来源或依据
与行业内其他企业员工进行频繁接触与交流	Harabi（1997）；Capello（1999）；Bresch, Malerb（2001）；Laursen, Salter（2006）；何郁冰，陈劲（2010）；陈珏芬，陈劲（2008）
与行业外其他企业员工进行频繁接触与交流	
与原材料或设备供应商进行频繁接触与交流	
关注客户潜在需求或积极解决客户所提出问题	
与大学或科研机构进行频繁的接触与交流	
积极参与行业协会或政府提供的座谈或培训	
与风险投资投资机构保持着紧密的联系	
与技术中介组织机构进行频繁的接触与交流	

本书以 8 种外部知识搜寻渠道得分的均值测度外部知识搜寻的深度；基于这 8 种外部知识搜寻渠道的得分，采用 Entropy 连续指数测量外部知识搜寻广度（Huang，Chen，2010）。Entropy 指数可以精确的反映出多样化程度，因而被广泛应用于企业多元化经营或知识异质化程度的测量中。具体而言，计算公式为：

$$DT = \sum_{i=1}^{n} pi \ln\left(\frac{1}{pi}, i = 1, 2, 3, \cdots\cdots 10\right)$$

本书中，pi 代表第 i 种外部知识搜寻渠道得分占 8 种外部知识搜寻渠道总得分的比例，$\ln\frac{1}{pi}$ 为权重，用对数形式表示。其值越大，表示外部知识搜寻广度越高。

4.2.3 管理者认知的测量

文献归纳总结发现，管理者认知的测量是本书需要克服难点之一。在相关的实证研究中，学者们通过公开信、会议报告、数据库资料、年报、案例或问卷调查等方式来获取有关管理者认知的数据。邓少军(2010)的在其士论文中采用了文本分析法对高层管理者认知的柔性与复杂性进行了测度。文本分析法作为一种社会学研究方法,其价值在于承认了语言在人类认知中的重要作用,帮助研究人员理解个体的认知特性,如,通过对公司年报、会议报告或公开信中某些关键词的使用频率以及注意力聚焦点的统计判断管理者认知的集中性又或者通过对一些词汇使用的变化的识别以及对风险的解释判断管理者认知复杂性(Huff,1990;Abrahamson,Hambrick,1997;Weber,Namenwirth,1990)。相对于问卷调查测量形式而言,文本分析法可能更为有效。然而,由于调研实践中获取文本分析所需有效数据的难度很高,耗费成本较大,因此,在本书中将采用问卷调查的方式对管理者认知进行测度。

现有使用量表测量管理者认知的研究中,Martin,Rubin(1995)所开发的管理者认知的测量量表得到了较为普遍运用,此量表也在多个领域内获得了实证检验的支持。因此,本书将借鉴 Martin,Rubin(1995)所开发量表,分别采用 3 个题项对管理者认知集中性、管理者认知复杂性进行度量,其中管理者认知集中性的测度:(1)本人更加倾向于关注与企业所提供产品或服务有关的信息;(2)本人更加倾向于关注企业现有产品或服务所处市场发展方向;(3)本人更加倾向于对与企业所拥有的产品或技术高度相关的专业知识的积累,管理者认知复杂性的测度:(1)本人更加倾向于以多种不同方式表达一个想法;(2)本人拥有多种不同的专业背景或职业经历;(3)本人更加倾向于对与企业所拥有的产品或技术高度相关的专业知识的积累。如表4.4、表4.5所示,采用 Likert7 点计分法,由被调研对象根据自身实际情况进行作答。

表4.4   变量测度——管理者认知集中性

测量题项	来源或依据
本人更加倾向于关注与企业所提供产品或服务有关的信息	Martin，Rubin（1995）；邓少军（2010）；胡辰光（2013）
本人更加倾向于关注企业现有产品或服务所处市场发展方向	
本人更加倾向于对与企业所拥有的产品或技术高度相关的专业知识的积累	

表4.5   变量测度——管理者认知复杂性

测量题项	来源或依据
本人更加倾向于以多种不同方式表达一个想法	Martin，Rubin（1995）；邓少军(2010)
本人拥有多种不同的专业背景或职业经历	
本人更加倾向于思考多种不同的应对方法以应对所面临的问题	

4.2.4   双元能力的测量

第二章对国内外双元能力的相关研究的进行了梳理与总结，沿袭主流分类方式,本文认为本质上是探索能力与利用能力的动态平衡度。作为一种高度概括性的概念,现有相关研究对探索能力及利用能力的测度视角各异,所采用测量方法虽具有较强地可操作性,但却常常受限于数据可得性、指标典型性、内涵重复性等问题,因而,测量探索能力与利用能力的客观指标在具体应用以及认可度方面尚未形成一致的观点(朱朝晖,陈劲,2008;肖丁丁,2013)。基于定义层面的刻画,常常通过将探索、利用与创新、变异、风险等属性相联系,通过企业所能达到程度对其双元能力进行度量,难以客观、直接的判断其能力类别。陈晓萍(2012)指出,量表作为一种测量工具,具有概括性、全面性、可操作性等特征,适用于对不可观测变量进行刻画与测度。

国外研究方面，Yalcinkaya 等人（2007）在他们的研究中以"我公司倾向于新颖的工艺、产品以及服务的使用"以及"相较于以往战略，我公司在流程、产品以及服务上嵌入了某种或某些创新性事物"对企业的探索能力进行测度；以"我公司职员以实现企业流程、产品以及服务的持续性提高为目标"、"我公司职员以企业流程、产品以及服务的提高为己任"对企业的利用能力进行测度。He，Wong（2004）分别设置了 4 个题项对探索性战略、利用性战略进行了测度。其中，前者的测量内容包括了"企业对新一代产品的引入"、"企业对现有产品或服务范围的拓展"、"企业对新市场的开发"以及"企业对新技术领域的进驻"；后者的测量内容包括了"企业对现有产品或服务质量的提高"、"企业对现有生产流程柔性的提高"、"企业现有产品生产成本的降低"以及"企业对现有产品产量的提高或对生产能耗的降低"。基于 He，Wong（2004）的观点，Jansen（2005）进一步拓展了探索能力与利用能力测度题项，通过设置"本公司善于发现目标客户超越现有产品或服务范畴的潜在需求"、"本公司具备新产品研发能力"等 7 个题项对企业的探索能力进行了测量；设置"本公司倾向于周期性的进行市场搜寻以及新机遇的挖掘"、"本公司倾向于根据现有客户的反馈意见对现有产品或服务进行改进"等 7 个题项对企业的利用能力进行了测量。Jansen 所开发的测量探索能力与利用能力的量表具有较高的信度与效度表现，因而被广泛应用于双元能力的相关研究中。

国内现有研究对探索能力与利用能力的测度大多是对国外成熟量表的情景化改进。朱朝晖（2008）将探索式学习与利用式学习视为组织内部学习的两种不同路径，设置"我公司能够有效地创造或外获创新所需要的新颖的知识"、"我公司能够有效地将整合运用创造或外获而来的新知识"等 4 个题项对探索式学习进行了测度;设置"我公司能够有效地获取、甄别及挖掘现有技术领域的新知识"、"我公司能够有效地创造或外获创新所需的现有技术领域的相关知识"等 4 个题项对利用式学习进行了测度;李剑力(2010)基于我国企业的具体实践,对 Jansen(2005)所提出的测量量表进行修改,设置 11 个题项(其中包括 6 个测量探索式创新的题项;5 个测量利用式创新的题项)对探索式创新与利用式创新进行了测度。彭新敏(2009)在参考了 Ahuja,Katila(2004)、Sidhu(2007)等人的观点,以"本企业致力于革命性、颠覆性产品的开发"、"本企业不断尝试新颖性的、突破性的工作方法"等 3 个题项对探索式学习进行测度;以"本企业尽可能地开发现有生产技能"、"本企业现有工艺或流程与以外的成功经验高度相关"等 3 个题项对利用式学习进行了测度。

　　基于上述分析,本书在寻求学术界相关领域专家以及企业界人士的意见与建议的基础上,对 Jansen(2006)、朱朝晖(2008)、肖丁丁(2013)等研究的量表进行了反复斟酌与修改,分别设置了 4 个题项对探索能力及利用能力进行测度,其中,探索能力的测度:(1)我公司强调对顾客具有超越现有产品或服务范围的潜在需求的挖掘;(2)我公司强调对开发新产品或新服务的能力培养;(3)我公司善于在已有市场范围内进行新产品或新服务的测试;(4)我公司倾向于对新市场或新技术领域的开拓,利用能力的测度:(1)我公司非常重视对当前"问题解决方案"的完善;(2)我公司善于通过规模的拓展最大化开发利用现有市场;(3)我公司倾向于根据顾客反馈来改进现有的产品或服务;(4)我公司善于将改进后的产品或服务引入现有市场。进一步地,通过 7 -|探索能力-利用能力|的得分来刻画企业的双元能力(He,Wong,2004;Lavie,Stettner;

Tushman,2010)。

表 4.6   变量测度——探索能力

测量题项	来源或依据
我公司强调对顾客具有超越现有产品或服务范围的潜在需求的挖掘	Voss,Sirdeshmukh(2008);Atuahene-Gima,Murray(2007);朱朝晖(2008)
我公司强调对开发新产品或新服务的能力培养	
我公司善于在已有市场范围内进行新产品或新服务的测试	
我公司倾向于对新市场或新技术领域的开拓	

表 4.7   变量测度——利用能力

测量题项	来源或依据
我公司非常重视对当前"问题解决方案"的完善	Voss,Sirdeshmukh(2008);Atuahene-Gima,Murray(2007);朱朝晖(2008)
我公司善于通过规模的拓展最大化开发利用现有市场	
我公司倾向于根据顾客反馈来改进现有的产品或服务	
我公司善于将改进后的产品或服务引入现有市场	

4.2.5   外部环境不确定性的测量

本书引入了外部环境不确定性因素作为外部知识搜寻与企业创新绩效之间关系的调节变量。采用权变思路,分析外部环境不确定性对"外部知识搜寻——企业创新绩效"之间的调节作用。以Jaworski,Kohli(1993)为代表的许多学者着眼于技术发展的变动性,采用"现有业务领域技术较为动荡"、"技术变化为现有业务的发展创造了机遇"、"五年以后的技术发展趋势是难以预测的"、"现有业务领域具有再开发潜力"等指标对外部环境不确定性进行度量(李正卫,2005;Lichtenthaler,2009)。也有一些学者聚焦于市场需求的变动性,采用"现有顾客偏好变动较快"、"顾客倾向于寻求更加新颖的产品"、"现有市场存在着大量的潜在顾客";"资源配置是以现有顾客需求为主导的"等题项作为测度外部环境不确定性的指标(Slater,Narver,1994;Helfat,Finkelstein,2009)。

　　为了从更广泛的角度考察外部环境的不确定性,本书在已有外部环境不确定性量表的基础上进行适当的修改与调整,采用 5 个题项进行测度:(1)现有业务领域内技术更新速度较快;(2)难以预测五年后现有业务领域内的主导技术;(3)现有产品/服务市场需求变化较快;(4)现有顾客倾向于新颖的产品与服务;(5)现有业务领域内相关政策变动较快。如表 4.8 所示,采用 Likert7 点计分法,由被调研对象根据自身实际情况进行作答:

表 4.8　变量测度——外部环境不确定性

测量题项	来源或依据
现有业务领域内技术更新速度较快	Jaworski, Kohli (1993); Slater,Narver(1994);Miller(1987)
难以预测五年后现有业务领域内的主导技术	
现有产品/服务市场需求变化较快	
现有顾客倾向于新颖的产品与服务	
现有业务领域内相关政策变动较快	

4.2.6　控制变量的测量

　　本文的研究主线是企业外部知识搜寻与创新绩效之间的关系。其中,外部知识搜寻既是自变量也做因变量,而企业创新绩效是多个因素协同作用产生的结果,因此,除本书概念模型所设计的各变量以外,要对影响外部知识搜寻以及企业创新绩效的其他重要因素进行控制。在第二章中对影响外部知识搜寻的各类因素进行了总结。这些因素中的企业规模、企业成立年限以及行业类型因素也能够对企业创新绩效产生一定影响。

　　国内外许多学者对企业规模与创新绩效之间的关系进行了检

验，发现企业规模与创新投入、产出存在某种线性或者非线性的关系（Howe，Mcfetridge，1976；Lee，Pennings，2001）。通常情况下，企业规模越大，研发投入越高，拥有的创新资源越丰富，越有利于创新绩效的提升。在一些相关研究中，通过企业销售收入的自然对数值测量企业规模（郑素丽，2008；Grimpe，Sofka，2009）。也有一部分研究中选取员工数量的自然对数值对企业规模大小进行测量（Laursen，Salter，2006；彭新敏，2008）。

企业成立年限也是影响外部知识搜寻与企业创新绩效的一个重要因素。企业成立时间越长，相较于新创企业可能会有更丰富的市场、技术知识与经验的积累、更强的应变能力、信息甄别能力（Dosi，1997；刘雪锋，2007；许冠南，2008）。因此，企业成立年限可能会影响外部知识搜寻与企业创新绩效的具体表现。

企业所属行业类型也可能会对企业的创新绩效产生一定的影响（Eisenhardt，Schoonhoven，1996；刘雪峰，2007；应洪斌，2010）。高新技术行业的市场潜力较大，对创新的要求较高，对研发活动更加重视，外部知识搜寻与企业创新活动更为频繁；而传统制造行业市场增长空间较小，技术相对成熟，外部知识搜寻与企业创新活动较少。

因此本书将对企业规模、企业成立年限以及行业类型进行控制。企业规模方面，本书将选用员工数量的自然对数值对其进行测度；企业成立年限方面，本书将其界定为企业创立之年至 2015 年所经历的年数；所属行业类型方面，本书借鉴彭新敏（2008）、郭京京（2011）等学者的做法，对企业所属行业类型进行虚拟变量设置，将电子及通讯设备制造企业、医药制造企业归类于高新技术行业企业，高新技术行业企业的赋值为 1，将化工企业、机械制造企业以及纺织企业等其他行业制造企业归类于传统行业企业，传统行业企业的赋值为 0。

4.3　问卷小样本测试

为进一步获得精简、有效的调查问卷,本书在正式发放问卷之前,将先对问卷进行小样本的预测试。

4.3.1　小样本分析内容与方法

小样本的问卷前测主要是对变量测量题项进行信度与效度的检测分析。

信度(Reliability)分析针对的是测量量表的稳定性(Stability)与一致性(Consistency)。吴明隆(2003)指出,为确保研究结论的科学性与有效性,实证研究中,即使使用了现有的成熟量表,也应当对其信度进行检验。本书所涉及的大多数变量的测量采用的是李克特七点计分量表。对于李克特量表内部一致性的检验,现有研究普遍采用的是 Cronbach's α 系数表征(当 α 值大于 0.7 时,该题项被认为是具有高信度的,可以被接受的)。从操作层面来说,本书将运用 SPSS19.0 统计分析软件对问卷测量题项进行信度分析,利用 Cronbach's α 系数法来评价问卷题项是该保留的或是该删除的。例如,当删除某一测量题项后,Cronbach's α 系数反而增大,那么该测量题项则被认为是该删除的。

效度(Validity)分析主要包括内容效度(Content Validity)分析与构念效度(Construct Validity)分析,针对的是测量题项能够反映所要衡量的变量的真实程度或准确程度。其中,内容效度是基于定性方法对测量题项内容与变量之间的契合程度进行判断的。本书所设置的变量测量题项主要来自于现有成熟量表或经典文献,并征询了企业高管及相关领域学者的意见,进行了多次调整,进而确保了本书所设计的调查问卷题项较高的内容效度。构念效度是基于因子分析(Factor Analysis)方法检测问卷测量题项是否能够准确衡量目标变量的。构念效度是实证研究中最为重要的指标之一,也是本书进行实证分析所要检验的重要指标。本书将采用探索性因子分析(Exploratory Factor Analysis,EFA)的方法对变量测量题项的构念效度进行检测。在进行探索性因子分析之前,应先对所抽取样本进行 KMO 样本充分性检验(Kaiser-Meyer-Olkin)及巴特莱特球体检验(Bartlett Test of Sphericity)(马庆国,2002)。一般而言,当某一变量满足 KMO 值大于等于 0.7,巴特利特球体检验统计值在统计意义上显著,各测量题项的因子载荷系数均大于 0.50 的条件下,允许将该变量的测量题项合并为一个因子(Prajogo,McDermott,2005)。本书参考引用了这一标准,先进行 KMO 检验及巴特莱特球体检验,进而对满足上述标准的量表展开探索性因子分析。从操作层面而言,本书将运用 SPSS19.0 统计分析软件中数据降维(Data Reduction)功能下的因子分析工具展开探索性因子分析,同时采用主成分分析(Principle Component Methods)和最大方差法旋转(Varimax),提取特征根(Eigenvalue)大于 1 的因子。另外,本书在某些变量测量题项区分效度的评判,应遵循以下原则:第一,当仅有一个测量题项单独形成一个因子时,需将该题项删除;第二,若某一测量题项所属因子的载荷量小于 0.5 时,需将该题项删除;第三,若存在某一测量题项在两个及以上因子的载荷量均大于 0.5 时,即出现横跨因子现象,为了确保不同变量间的良好区分度,需将该题项删除。

4.3.2 小样本数据分析

本书的问卷前测以山东省作为样本收集地区,采取简单随机抽样方式抽取了100家制造企业进行问卷发放,被测试人员均为企业高层管理者。此次小范围的样本发放,回收问卷89份,回收率达89%。一般而言,进行探索性因子分析所需的样本量最少为所涉及变量数的5倍至10倍。由于本书所需进行探索性因子分析的变量数量为6个,因此小样本预测试回收的89份问卷能够较好地满足要求。本节将将根据上一节中的小样本预测方法对本书所设计的变量测量量表进行信度与效度的分析检验。

本节将首先对企业创新绩效的测量量表进行信度与效度检验。采取探索性因子分析进行效度检验之前,先对企业创新绩效进行了KMO检验与巴特莱特球体检验。表4.9显示,企业创新绩效的KMO值为0.873,大于0.7,Bartlett球体检验统计值显著。因此,企业创新绩效满足进行探索性因子分析的标准。基于此,进一步利用随机抽样获得的样本数据对企业创新绩效量表的4个测量题项展开探索性因子分析。采用主成分分析及最大方差正交旋转,如表4.10所示。根据特征根大于1,因子载荷大于0.5的标准,各测量题项的因子载荷均大于0.5。因此,本书所设计的企业创新绩效的测量量表具有较好的结构效度。

表4.9 企业创新绩效的KMO检验及Bartlett球体检验统计结果(N=89)

KMO取样适度性度量值		0.873
Bartley球体检验	近似卡方值	708.981
	自由度	6
	显著性	.000

表 4.10　企业创新绩效的探索性因子分析结果(N=89)

题号	题　项	因子载荷
1	新产品销售收入占总销售收入的比重	.985
2	企业年均新产品推广数	.985
3	企业年均专利申请数量	.979
4	企业推出新产品速度	.987

　　运用 SPSS 19.0 统计分析软件对企业创新绩效进行的信度分析,结果如表 4.11 所示,企业创新绩效这一变量的 Cronbach's α 系数为 0.989,大于 0.7,题项-总体相关系数均大于 0.5。删除任意一个测量题项,Cronbach's α 系数值均小于原量表 α 系数值,因此,本书所选取的四个测量题项之间具有较高的内部一致性,皆应保留。

表 4.11　企业创新绩效信度检验结果(N=89)

题　项	题项-总体相关系数	删除该题项后的 Cronbach's α 值	Cronbach's α 值
新产品销售收入占总销售收入的比重	.973	.985	.989
企业年均新产品推广数	.974	.985	
企业年均专利申请数量	.962	.988	
企业推出新产品速度	.976	.984	

　　其次,对管理者认知进行信度与效度检验。采用探索性因子分析对变量管理者认知的测量量表进行效度检验。对管理者认知的 KMO 检验与巴特莱特球体检验结果如表 4.12 所示,管理者认知的 KMO 值为 0.718,大于 0.7;Bartlett 球体检验统计值显著。因此,管理者认知满足进行探索性因子分析的标准。基于此,进一步利用随机抽取的样本数据对管理者认知测量量表的 6 个题项进行探索性因子分析。采用主成分分析及最大方差正交旋转,如表

4.13 所示。根据特征根大于 1,因子载荷大于 0.5 的标准,各测量题项的因子载荷均大于 0.5,同时也并未发现横跨两个因子的题项的存在,因子载荷在两个因子间的辨识度良好。探索性因子分析结果显示,两个因子的含义明确,因子 1 包含的三个题项,与预设相符,衡量的是管理者认知集中性;因子 2 包含的三个题项,与预设相符,衡量的是管理者认知复杂性。

表 4.12　管理者认知的 KMO 检验及 Bartlett 球体检验统计结果(N=89)

KMO 取样适度性度量值		0.718
Bartley 球体检验	近似卡方值	298.783
	自由度	15
	显著性	.000

表 4.13　管理者认知的探索性因子分析结果(N=89)

题号	题　项	因子载荷	
		1	2
1	本人更加倾向于关注与企业所提供产品或服务有关的信息	−.147	.864
2	本人更加倾向于关注企业现有产品或服务所处市场发展方向	.148	.903
3	本人更加倾向于对与企业所拥有的产品或技术高度相关的专业知识的积累	.064	.902
4	本人更加倾向于以多种不同方式表达一个想法	.929	.011
5	本人拥有多种不同的专业背景或职业经历	.915	.001
6	本人更加倾向于思考多种不同的应对方法以应对所面临的问题	.873	.048

　　管理者认知集中性的信度分析结果显示(表 4.14),管理者认知集中性变量的 Cronbach's α 系数为 0.864,题项-总体相关系数均大于 0.5。删除任意一个测量题项后,Cronbach's α 系数值均小于原量表 α 系数值。因此,本书所选取的管理者认知集中性的三

个测量题项之间具有较高的内部一致性,皆应保留。对管理者认知复杂性的信度分析结果显示(表 4.15),管理者认知复杂性变量的 Cronbach's α 系数为 0.891,题项-总体相关系数均大于 0.5。删除任意一个测量题项后,Cronbach's α 系数值均小于原量表 α 系数值。因此,本书所选取的管理者认知复杂性的三个测量题项之间具有较高的内部一致性,皆应保留。

表 4.14　管理者认知集中性的信度检验(N=89)

题　项	题项-总体相关系数	删除该题项后的 Cronbach's α 值	Cronbach's α 值
本人更加倾向于关注与企业所提供产品或服务有关的信息	.696	.849	
本人更加倾向于关注企业现有产品或服务所处市场发展方向	.779	.785	.864
本人更加倾向于对与企业所拥有的产品或技术高度相关的专业知识的积累	.777	.784	

表 4.15　管理者认知复杂性的信度检验(N=89)

题　项	题项-总体相关系数	删除该题项后的 Cronbach's α 值	Cronbach's α 值
本人更加倾向于以多种不同方式表达一个想法	.834	.806	
本人拥有多种不同的专业背景或职业经历	.810	.824	.891
本人更加倾向于思考多种不同的应对方法以应对所面临的问题	.734	.892	

本书选取双元能力作为中介变量,根据双元能力的度量公式,双元能力的得分值由探索能力与利用能力之差所决定。因此,需要对探索能力与利用能力分别进行信度与效度分析。经检验,见

表 4.16,探索能力的 KMO 值为 0.845,大于 0.7,Bartlett 球体检验统计值显著。因此,探索能力满足进行探索性因子分析的要求。接着,对探索能力进行的信度分析,分析结果如表 4.17 所示,探索能力变量的 Cronbach's α 系数为 0.942,大于 0.7,题项-总体相关系数均大于 0.5。删除任意一个测量题项后,Cronbach's α 系数值均小于原量表 α 系数值,因此,探索能力的四个测量题项之间具有较高的内部一致性,不需要删除相关题项。

表 4.16　探索能力的 KMO 检验及 Bartlett 球体检验统计结果(N=89)

KMO 取样适度性度量值		0.845
Bartley 球体检验	近似卡方值	325.541
	自由度	6
	显著性	.000

表 4.17　探索能力的信度检验结果(N=89)

题　项	题项-总体相关系数	删除该题项后的 Cronbach's α 值	Cronbach's α 值
我公司强调对顾客具有超越现有产品或服务范围的潜在需求的挖掘	.872	.921	.942
我公司强调对开发新产品或新服务的能力培养	.851	.929	
我公司善于在已有市场范围内进行新产品或新服务的测试	.875	.921	
我公司倾向于对新市场或新技术领域的开拓	.856	.928	

同理,由表 4.18 看出,利用能力的 KMO 值为 0.879,大于 0.7,Bartlett 球体检验统计值显著。因此,利用能力满足进行探索性因子分析的要求。接着,对利用能力进行的信度分析,分析结果如表 4.19 所示,利用能力变量的 Cronbach's α 系数为 0.957,

大于 0.7,题项-总体相关系数均大于 0.5。删除任意一个测量题项,Cronbach's α 系数值均小于原量表 α 系数值,因此,利用能力的四个测量题项之间具有较高的内部一致性,不需要删除相关题项。

表 4.18　利用能力的 KMO 检验及 Bartlett 球体检验统计结果(N=89)

KMO 取样适度性度量值	0.879	
Bartley 球体检验	近似卡方值	442.093
	自由度	6
	显著性	.000

表 4.19　利用能力的信度检验结果(N=89)

题　项	题项-总体相关系数	删除该题项后的 Cronbach's α 值	Cronbach's α 值
我公司非常重视对当前"问题解决方案"的完善	.911	.939	.957
我公司善于通过规模的拓展最大化开发利用现有市场	.930	.953	
我公司倾向于根据顾客反馈来改进现有的产品或服务	.932	.953	
我公司善于将改进后的产品或服务引入现有市场	.899	.942	

最后,对本书选取的调节变量外部环境不确定性进行信度与效度分析。经检验,由表 4.20 得出,环境不确定性的 KMO 值为 0.884;Bartlett 球体检验统计值显著,可以进一步地对环境不确定性展开探索性因子分析。采用主成分分析及最大方差正交旋转对所外部环境不确定性的五个测量题项进行探索性因子分析,见表 4.21。各题项在该因子上的载荷值均大于 0.5,本书所设计的外部环境不确定性的测量量表具有较好的结构效度。

表 4.20　外部环境不确定性的 KMO 检验及 Bartlett 球体检验统计结果(N=89)

KMO 取样适度性度量值		0.884
Bartley 球体检验	近似卡方值	285.893
	自由度	10
	显著性	.000

表 4.21　外部环境不确定性的探索性因子分析结果(N=89)

题号	题　项	因子载荷
1	现有业务领域内技术更新速度较快	.892
2	难以预测五年后现有业务领域内的主导技术	.895
3	现有产品/服务市场需求变化较快	.863
4	现有顾客倾向于新颖的产品与服务	.786
5	现有业务领域内相关政策变动较快	.875

随后,对外部环境不确定性进行的信度分析,分析结果如表 4.22 所示,该变量的 Cronbach's α 系数为 0.911,题项-总体相关系数均大于 0.5。删除任意一个测量题项,Cronbach's α 系数值均小于原量表 α 系数值,因此,外部环境不确定性的五个测量题项之间具有较高的内部一致性,皆应保留。

表 4.22　外部环境不确定性的信度检验结果(N=89)

题　项	题项-总体相关系数	删除该题项后的 Cronbach's α 值	Cronbach's α 值
现有业务领域内技术更新速度较快	.821	.881	
难以预测五年后现有业务领域内的主导技术	.824	.880	
现有产品/服务市场需求变化较快	.777	.890	.911
现有顾客倾向于新颖的产品与服务	.680	.910	
现有业务领域内相关政策变动较快	.770	.892	

4.4　本章小结

　　基于上一章提出的概念模型与研究假设,结合本书目的,选取成熟量表对研究所涉及的各个变量进行测量以形成调查问卷。通过文献的回顾与梳理,对所研究问题进行创新性思考并获得独特的认识,在这个概念化过程中提出探究变量之间的关系的研究假设。根据研究主线,以问卷的科学、严谨、合理为指导,本书所涉及的企业创新绩效、管理者认知及管理者认知集中性与复杂性、探索能力、利用能力及外部环境不确定性等变量的测量借鉴了已有的、被广泛使用的、成熟的量表,并通过田野调查、专家座谈、企业家咨询等步骤对问卷初稿进行反复斟酌、调整与完善,实现由难以观测变量到可观测变量的转化,最终确立了科学可靠的调查问卷。最后,对问卷进行小样本的预测试,结果表明问卷具有良好的信度与效度,适于大规模的发放调研。

5. 实证研究

5.1 正式调研样本概况

5.1.1 问卷的发放与回收

本书以纸质问卷与电子邮件的方式进行问卷发放。在发放途径的选取方面,为保证收集数据的真实有效,本次调研通过三种途径进行问卷发放,(1)笔者直接走访企业进行问卷的发放与回收,本人前往企业进行实地调研,向目标调研对象发放与回收问卷;(2)利用笔者的人脉关系网络委托熟人代为发放、回收问卷。首先,通过向熟人咨询近三年内其本人所在企业是否与其他企业有进行创新联盟合作,得到确认后向他发放调查问卷。同时向其征询是否可以将本书问卷发放给其他符合样本选择要求的其他企业人员,通过熟人的熟人方式扩大问卷发放范围;(3)通过企业黄页、相关数据库,寻找目标企业并向其发送 Email 调查问卷;(4)委托培训机构发放。通过多源渠道发放问卷既能保证样本数量达到数据分析要求,被调研对象来源的多元性也能为减少数据搜集时的系统误差提供有效保障。

由于问卷中的题项是有关企业创新方面的内容,企业最终决策者对企业创新实践活动、企业能力以及创新成果等方面有更为清晰地了解,因此,本书的问卷发放对象选择了每个企业的最终决策者。由企业最终决策者来填写问卷将能充分反映、判断量表各测度题项的合理程度,为后续数据处理提供客观、可信的基础数据。

2018 年 7 月至 11 月的 4 个月时间内,在山东省、江苏省以及福建省各个经济开发区内,共发放 400 份,其中纸质问卷 300 份,电子邮件 100。回收问卷 354 份,其中有效问卷 325 份,有效率约为 81.25%。其中实地调研发放问卷 50 份,回收有效问卷 47 份,有效率为 94%;委托熟人发放问卷 200 份,回收有效问卷 172 份,有效率为 86%;电子邮件发放问卷 50 份,回收有效问卷 22 份,有效率为 44%;委托培训机构发放问卷 100 份,有效回收 84,有效率为 84%。具体情况如表 5.1 所示:

表 5.1   问卷发放与回收统计

渠　　道	发放数(份)	回收数(份)	回收率	有效数(份)	有效率
实地发放	50	47	94%	47	94%
委托熟人发放	200	181	90.5%	172	86%
电子邮件发放	50	30	60%	22	44%
委托培训机构发放	100	86	86%	84	84%
合计	400	354	88.5%	325	81.25%

5.1.2   描述性统计分析

在回收的 325 份有效问卷中,从企业规模来看,员工人数不足 300 人的小型企业占 20%,员工人数小于 2000 人的中型企业占 57%,员工人数达 2000 人以上的大型企业占 23%;从成立年限来看,设立时间在六年之内的企业占 17%,设立时间小于十年的企业占 47.8%;设立时间在十年以上的企业占 35.2%;从产权性质来看,民营企业占 74.1%,国有、合资及其他分别占 2%、17.6%、6.3%;从所属行业来看,样本涵盖范围较广,其中,电子及通信设备制造与传统制造业(化工业、纺织业以及机械制造业)占比重较高的分别为 25.3% 和 63.9%;医药制造占 7.8%,其他行业占 3%,具体情况如表 5.2 所示:

表 5.2　样本基本分布情况统计(N=325)

属性	类　型	样本数(份)	百分比	累积百分比
企业规模	300 人以下	61	18.8%	18.8%
	301—2000 人	197	60.6%	79.4%
	2000 人以上	67	20.6%	100%
成立年限	3—6 年	55	16.9%	16.9%
	6—10 年	178	54.8%	71.7%
	10 年以上	92	28.3%	100%
企业性质	国有及国有控股	14	4.3%	4.3%
	民营	212	65.3%	69.6%
	合资	56	17.2%	86.8%
	其他	43	13.2%	100%
行业类别	电子及通信设备制造业	92	28.3%	28.3%
	医药制造业	36	11%	39.1%
	化工业	66	20.3%	50.7%
	纺织业	49	15.2%	64.8%
	机械制造业	56	17.2%	97%
	其他	26	8%	100%

5.2 信度与效度分析

上一章中,利用随机抽取的小样本数据,通过探索性因子分析的方法对本书所设计的调查问卷进行了前测。为了进一步确保研究所涉及变量的内部结构以及实证研究结果的可靠性,本节将通过验证性因子分析(Confirmatory Factor Analysis,CFA)的方法,以大样本数据检验变量量表的聚合效度和区分效度。

5.2.1 企业创新绩效的信度与效度分析

对企业创新绩效信度检验分析结果如表5.3所示,各个题项-总体的相关系数值均大于0.5,企业创新绩效变量的Cronbach's α系数为,大于0.7;删除其中任一测量题项,Cronbach's α系数值都会减小,一致性指数降低。因此,企业创新绩效变量的测量量表具有良好的内部一致性。

表5.3 企业创新绩效测量量表的信度检验结果(N=325)

题 项	题项-总体相关系数	删除该题项后的Cronbach's α 值	Cronbach's α 值
新产品销售收入占总销售收入的比重	.955	.980	.984
企业年均新产品推广数	.961	.978	
企业年均专利申请数量	.960	.979	
企业推出新产品速度	.960	.979	

采用验证性因子分析的方法对企业创新绩效进行效度检验。拟合结果如表5.4所示,χ^2 为 6.131,χ^2/df 值为 3.066;NFI 为 0.996,TLI 为 0.989,CFI 为 0.996,IFI 为 0.996,均大于 0.9;

RMSEA 为 0.112；在 $p < 0.001$ 的水平上，各个路径系数均具有显著性。以上结果说明，模型拟合结果较好，本书所设计的企业创新绩效测量量表具有良好的效度。

表 5.4　企业创新绩效测量模型拟合结果(N=325)

路　径			标准化路径系数	路径系数	S. E.	C. R.	P
新产品销售收入占总销售收入的比重	<—	创新绩效	.965	1.000			
企业年均新产品推广数	<—	创新绩效	.972	1.000	.021	48.551	***
企业年均专利申请数量	<—	创新绩效	.969	.987	.021	47.709	***
企业推出新产品速度	<—	创新绩效	.971	.984	.020	48.222	***
χ^2		6.131	TLI	0.989	IFI	0.996	
df		2	CFI	0.996	NFI	0.996	
χ^2/df		3.066	RMSEA	0.112			

注：*** 表示 $p < 0.001$

5.2.2　管理者认知的信度与效度分析

对管理者认知的信度检验分析结果如表 5.5 所示，各题项-总体相关系数均大于 0.5，管理者认知集中性与管理者认知复杂性变量的 Cronbach's α 系数均大于 0.7；删除其中任一测量题项，Cronbach's α 系数值都将减小，一致性指数降低。因此，说明管理者认知集中性与管理者认知复杂性的各测量题项之间内部一致性程度较好，管理者认知测量量表具有较高的可靠性。

表 5.5　管理者认知测量量表的信度检验(N＝325)

变量	题　项	题项-总体相关系数	删除该题项后的Cronbach's α 值	各变量Cronbach's α 值	Cronbach's α 值
管理者认知集中性	本人更加倾向于关注与企业所提供产品或服务有关的信息	.752	.846	.880	.697
	本人更加倾向于关注企业现有产品或服务所处市场发展方向	.777	.823		
	本人更加倾向于对与企业所拥有的产品或技术高度相关的专业知识的积累	.780	.824		
管理者认知复杂性	本人更加倾向于以多种不同方式表达同一个想法	.739	.817	.866	
	本人拥有多种不同专业背景或职业经历	.759	.798		
	本人更加倾向于思考多种不同的应对方法以应对所面临的问题	.736	.820		

采用验证性因子分析的方法对管理者认知集中性与管理者认知复杂性进行效度检验。拟合结果如表 5.6 所示，χ^2 为 5.288，χ^2/df 值为 0.661；NFI 为 0.995，TLI 为 1.005，CFI 为 1.000，IFI 为 1.003；RMSEA 为 0.002；在 p＜0.001 的水平上，各个路径系数均具有显著性。由拟合结果可以得出，本书所设计的管理者认知集中性与管理者认知复杂性的测量量表是有效的。

表 5.6　管理者认知测量模型拟合结果(N=325)

路　径			标准化 路径系数	路径系数	S. E.	C. R.	P
本人更加倾向于 关注与企业所提 供产品或服务有 关的信息	<—	管理者认 知集中性	.818	1.000			
本人更加倾向于 关注企业现有产 品或服务所处市 场发展方向	<—	管理者认 知集中性	.850	1.054	.068	15.591	***
本人更加倾向于 对与企业所拥有 的产品或技术高 度相关的专业知 识的积累	<—	管理者认 知集中性	.812	.990	.065	15.211	***
本人更加倾向于 以多不同方式表 达一个想法	<—	管理者认 知复杂性	.817	1.000			
本人拥有多种不 同的专业背景或 职业经历	<—	管理者认 知复杂性	.857	1.041	.062	16.682	***
本人更加倾向于 思考多种不同的 应对方法以应对 所面临的问题	<—	管理者认 知复杂性	.859	.952	.057	16.710	***
χ^2			5.288	TLI	1.005	IFI	1.003
df			8	CFI	1.000	NFI	0.995
χ^2/df			0.661	RMSEA	0.002		

注:*** 表示 p<0.001

5.2.3　双元能力的信度与效度分析

在本书中双元能力被界定为企业能够保持探索能力与利用能力处于某种动态均衡、协调状态的能力,双元能力的测量是通过7-1探索能力-利用能力|的得分来刻画的。因此,需要分别对探

索能力与利用能力进行信度分析。由表5.7、表5.8可以看出,探
索能力与利用能力的各题项-总体相关系数均大于0.5,两者的
Cronbach's α系数值均大于0.7;删除探索能力与利用能力的任何
一个测量题项后,Cronbach's α系数值均减小,一致性指数降低。
探索能力与利用能力变量的各题项之间的内部一致性较好,测量
量表均具有较高的可靠性。

表5.7　探索能力测量量表的信度检验结果(N=325)

题　项	题项-总体相关系数	删除该题项后的Cronbach's α值	Cronbach's α值
我公司强调对顾客具有超越现有产品或服务范围的潜在需求的挖掘	.876	.916	.940
我公司强调对开发新产品或新服务的能力培养	.851	.924	
我公司善于在已有市场范围内进行新产品或新服务的测试	.853	.923	
我公司倾向于对新市场或新技术领域的开拓	.849	.924	

表5.8　利用能力测量量表的信度检验结果(N=325)

题　项	题项-总体相关系数	删除该题项后的Cronbach's α值	Cronbach's α值
我公司非常重视对当前"问题解决方案"的完善	.913	.958	.967
我公司善于通过规模的拓展最大化开发利用现有市场	.917	.957	
我公司倾向于根据顾客反馈来改进现有的产品或服务	.917	.957	
我公司善于将改进后的产品或服务引入现有市场	.924	.955	

采用验证性因子分析的方法对探索能力与利用能力进行效度检验。探索能力与利用能力的拟合结果如表 5.9、5.10 所示。其中,探索能力的 χ^2 为 1.679, χ^2/df 值为 0.840;NFI 为 0.999,TLI 为 1.001,CFI 为 1.000,IFI 为 1.000;RMSEA 为 0.001;在 p< 0.001 的水平上,各个路径系数均具有显著性。利用能力的 χ^2 为 3.746, χ^2/df 值为 1.187;NFI 为 0.998,TLI 为 0.997,CFI 为 0.999,IFI 为 0.999;RMSEA 为 0.052;在 p<0.001 的水平上,各个路径系数均具有显著性。以上拟合结果可以得出,本书所设计的探索能力与利用能力的测量量表是有效的。

表 5.9　探索能力测量模型拟合结果(N=325)

路　径			标准化路径系数	路径系数	S.E.	C.R.	P
我公司强调对顾客具有超越现有产品或服务范围的潜在需求的挖掘	<—	探索能力	.916	1.000			
我公司强调对开发新产品或新服务的能力培养	<—	探索能力	.887	.972	.039	24.770	***
我公司善于在已有市场范围内进行新产品或新服务的测试	<—	探索能力	.887	.979	.039	24.800	***
我公司善于对新市场或新技术领域的开拓	<—	探索能力	.882	.948	.039	24.454	***
χ^2			1.679	TLI	1.001	IFI	1.000
df			2	CFI	1.000	NFI	0.999
χ^2/df			0.840	RMSEA	0.001		

注:*** 表示 p<0.001

表 5.10　利用能力测量模型拟合结果(N=325)

路　径			标准化路径系数	路径系数	S.E.	C.R.	P
我公司非常重视对当前"问题解决方案"的完善	<—	利用能力	.933	1.000			
我公司善于通过规模的拓展最大化开发利用现有市场	<—	利用能力	.938	1.051	.032	32.764	***
我公司倾向于根据顾客反馈来改进现有的产品或服务	<—	利用能力	.936	1.008	.031	32.461	***
我公司善于将改进后的产品或服务引入现有市场	<—	利用能力	.946	1.040	.031	33.713	***
χ^2			3.746	TLI	0.997	IFI	0.999
df			2	CFI	0.999	NFI	0.998
χ^2/df			1.187	RMSEA	0.052		

注：*** 表示 p<0.001

5.2.4　环境不确定性的信度与效度分析

调节变量外部环境不确定性的信度分析结果如表 5.11 所示,各题项-总体的相关系数均大于 0.5,变量的 Cronbach's α 系数大于 0.7;删除任一测量题项后,Cronbach's α 系数值均减小,一致性指数降低。外部环境不确定性的各测量题项之间的内部一致性较好,测量量表的可靠性较高。

表 5.11　外部环境不确定性测量量表的信度检验结果(N=325)

题　项	题项-总体相关系数	删除该题项后的 Cronbach's α 值	Cronbach's α 值
现有业务领域内技术更新速度较快	.795	.886	
难以预测五年后现有业务领域内的主导技术	.779	.889	
现有产品/服务市场需求变化较快	.780	.889	.911
现有顾客倾向于新颖的产品与服务	.728	.900	
现有业务领域内相关政策变动较快	.789	.888	

采用验证性因子分析的方法对外部环境不确定性进行效度检验(表 5.12)。拟合结果显示,χ^2/df 值为 1.222;NFI 为 0.994,TLI 为 0.998,CFI 为 0.999,IFI 为 0.999;RMSEA 为 0.026;在 p<0.001的水平上,各个路径系数均具有显著性。本书所设计的外部环境不确定性测量量表具有良好的效度。

表 5.12　外部环境不确定性测量模型拟合结果(N=325)

路　径			标准化路径系数	路径系数	S. E.	C. R.	P
现有业务领域内技术更新速度较快	←—	外部环境不确定性	.843	1.000			
难以预测五年后现有业务领域内的主导技术	←—	外部环境不确定性	.826	.947	.053	17.803	***
现有产品/服务市场需求变化较快	←—	外部环境不确定性	.829	.929	.052	17.906	***
现有顾客倾向于新颖的产品与服务	←—	外部环境不确定性	.767	.822	.051	15.980	***

(续表)

路　　径		标准化路径系数	路径系数	S. E.	C. R.	P
现有业务领域内相关政策变动较快	<— 外部环境不确定性	.835	.868	.048	18.114	***
χ^2	6.112	TLI	0.998	IFI	0.999	
df	5	CFI	0.999	NFI	0.994	
χ^2/df	1.222	RMSEA	0.026			

5.3　相关性分析

在确保了本书所设计的变量测量的信度与效度之后,要对各变量之间的相关性关系展开分析时。本节运用 SPSS19.0 统计分析工具,采用 Pearson 相关性分析法对各变量之间的相关关系进行了检验。值得注意的是,企业所属行业类型是本书的控制变量之一。借鉴彭新敏(2008)、郭京京(2011)等学者的做法,本书将对企业所属行业类型进行虚拟变量设置,将电子及通讯设备制造企业、医药制造企业归类于高新技术行业企业,高新技术行业企业的赋值为1,将化工企业、机械制造企业以及纺织企业等其他行业制造企业归类于传统行业企业,传统行业企业的赋值为0。

由表5.13表可见,外部知识搜寻深度、外部知识搜寻广度、双元能力与企业创新绩效的相关系数分别为$-0.737(p<0.01)$、$0.636(p<0.01)$、$0.194(p<0.01)$;管理者认知集中性、管理者认知复杂性与外部知识搜寻深度的相关系数分别为$0.407(p<0.01)$、$-0.420(p<0.01)$;管理者认知集中性、管理者认知复杂性与外部知识搜寻广度相关系数分别为-0.087、$0.144(p<0.01)$;另外,结果还表外部知识搜寻深度和外部知识搜寻广度与

双元能力之间也显著相关。变量之间的相关性分析结果为研究的理论预期提供了一定的证据。由于相关性分析仅仅说明了变量之间是否存在关系,而无法阐明它们之间的因果联系与影响机制。基于此,后续研究将通过层次回归分析的方法揭示变量之间更深层次地联系。

表 5.13　相关性分析

	均值	标准差	企业规模	企业年限	行业类型	认知集中性	认知复杂度	搜寻深度	搜寻广度	双元能力	环境不确定性	创新绩效
企业规模	2.0646	0.7569	1									
企业年限	1.8462	0.7624	.087									
行业类型	0.4000	0.4907	.063	−.025	1							
认知集中性	4.6574	0.9212	.089	.049	−.046	1						
认知复杂性	4.5867	0.9387	.096	.030	−.008	−.007	1					
搜寻深度	4.2112	1.0386	.097	.106	−.038	.407**	−.087	1				
搜寻广度	1.9996	0.0319	−.111*	−.096	.041	−.420**	.144**	−.933**	1			
双元能力	5.8946	0.7466	.011	−.022	−.026	−.034	.085	−.104	.078	1		
环境不确定性	4.4375	0.8615	.061	.033	.084	.248**	−.032	.213**	−.227**	−.023	1	
创新绩效	3.5654	2.0060	−.042	−.126*	.049	−.203**	.090	−.737**	.636**	.194**	−.054	1

注: ** 代表 p<0.01(双尾检验); * 代表 p<0.05(双尾检验)。

5.4 层次回归分析

本书将运用层次回归分析法对管理者认知对企业外部知识搜寻的影响、外部知识搜寻对企业创新绩效的直接影响、外部环境不确定性的调节作用以及双元能力的中介作用进行假设检验。

5.4.1 管理者认知影响外部知识搜寻的回归分析结果

本书引入管理者认知作为外部知识搜寻的前置影响因素,通过层次回归分析方法检验管理者认知集中性、管理者认知复杂性与外部知识搜寻深度、外部知识搜寻广度之间的关系。即,H1 提出的管理者认知集中性对外部知识搜寻深度的正向影响作用;H2 提出的管理者认知集中性对外部知识搜寻广度的负向影响作用;H3 提出的管理者认知复杂性对外部知识搜寻深度的负向影响作用以及 H4 提出的管理者认知复杂性对外部知识搜寻广度的正向影响作用。为规避或降低多重共线性风险,本书在进行层次回归分析前,先将各变量进行了中心化处理。

模型 1、模型 2 与模型 3 的被解释变量为外部知识搜寻深度,其中,模型 1 中仅仅引入了本书所选取的企业规模、年限与行业类型三个控制变量。在模型 1 基础上,模型 2 与模型 3 分别引入了管理者认知集中性与管理者认知复杂性这两个变量。从表 5.14 可以看出,在模型 1 基础上引入管理者认知集中性这一变量后,模型的 2 的 F 值为 17.154($p<0.001$),ΔR^2 值由 0.021 变为 0.156,模型拟合水平有了一定地提高。模型 2 显示,管理者认知集中性对外部知识搜寻深度具有显著的正向影响($\beta=0.448$,$p<0.001$),本书所提出的 H1 得到支持。由模型 3 可以看出,管理者认知复

杂性对外部知识搜寻深度的影响效应并不显著,本书所提出的H3 并未得到实证支持。

表 5.14　管理者认知对外部知识搜寻的影响

变量名称	外部知识搜寻深度			外部知识搜寻广度		
	模型 1	模型 2	模型 3	模型 4	模型 5	模型 6
常数项	3.743***	1.780***	4.221	2.014***	2.076***	1.991
控制变量						
企业规模	.125	.076	.138	−.005	−.003	−.005
企业年限	.133	.111	.136	−.004	−.003	−.004
行业类型	−.087	−.044	−.090	.003	.002	.003
解释变量						
管理者认知集中性		.448***			−.014***	
管理者认知复杂性			−.111			.005*
模型统计量						
R^2	0.021	0.177	0.031	0.022	0.187	0.047
ΔR^2	0.021	0.156***	0.010	0.022	0.165***	0.025**
F 统计值	2.267	17.154***	2.535*	2.401	18.454***	3.926**

注:回归系数为标准化回归系数;＊＊＊代表 $p < 0.001$(双尾检验);＊＊代表 $p < 0.01$(双尾检验);＊代表 $p < 0.05$(双尾检验)。

模型 4、模型 5 与模型 6 的被解释变量为外部知识搜寻广度,其中,模型 4 中仅仅引入了本书所选取的企业规模、年限与行业类型三个控制变量。在模型 4 基础上,模型 5 与模型 6 分别引入了管理者认知集中性与管理者认知复杂性这两个变量。由表 5.14 可以看出,引入管理者认知集中性这一变量后,模型的 5 的 F 值为 18.454($p < 0.001$),ΔR^2 值由 0.022 变为 0.165,模型拟合水平有了一定地提高;管理者认知集中性对外部知识搜寻广度具有显著的负向影响($\beta = -0.014$, $p < 0.001$),本书所提出的 H2 得到支

持。同理,由模型 6 可以看出,引入管理者认知复杂性这一变量后,模型的 F 值为 3.926(p<0.01),ΔR^2 值由 0.022 变为 0.025,模型拟合水平略有提高;管理者认知复杂性对外部知识搜寻广度具有正向影响作用(β=0.005,p<0.05),本书所提出的 H4 得到支持。

5.4.2　外部知识搜寻影响企业创新绩效的层次回归分析结果

（1）外部知识搜寻对企业创新绩效直接效应的层次回归分析

本书对于外部知识搜寻与企业创新绩效之间的直接关系提出了以下两个假设:外部知识搜寻深度对企业创新绩效有倒 U 型曲线影响(H5);外部知识搜寻广度对企业创新绩效有积极正向的影响(H6)。由于计算外部知识搜寻深度与广度的所使用的数据相同,为尽可能的降低回归分析中的多重共线性程度,进行回归分析之前,先对变量进行了中心化处理。

模型 7 中引入控制变量企业规模、企业年限以及行业类型;进一步地,模型 8、模型 9 在模型 7 基础上分别引入了外部知识搜寻深度、搜寻深度平方变量,模型 10 则同时引入了外部知识搜寻深度与外部知识搜寻深度平方这两个变量。由表 5.15 可以看出,模型 8 与模型 10 相较于模型 7,F 值以及 ΔR^2 值均有了显著地提高。进一步比较模型 8 与模型 10 可以看出,模型 10 的拟合效果更优,外部知识搜寻深度对企业创新绩效具有倒 U 型影响作用,H5 成立。模型 11 在模型 7 基础上引入了外部知识搜寻广度,结果显示,回归模型的 F 值 55.522(p<0.001),ΔR^2 值由 0.019 变为 0.391,模型拟合水平有显著地提高;外部知识搜寻广度对企业创新绩效的正向影响作用显著(β=39.749,p<0.001)。外部知识搜寻广度对企业创新绩效的正向影响作用这一假设得到证实,H6 成立。

表 5.15　外部知识搜寻对企业创新绩效的影响

变量名称	模型 7	模型 8	模型 9	模型 10	模型 11
常数项	4.268***	9.571***	4.529***	11.035	−75.797***
控制变量					
企业规模	−.091	.086	−.115	.032	.088
企业年限	−.321*	−.133	−.333*	−.146	−.179
行业类型	.195	.073	.216	.122	.076
解释变量					
外部知识搜寻深度		−1.417***		−1.590***	
外部知识搜寻深度平方			−.184	−.574***	
外部知识搜寻广度					39.749***
模型统计量					
R^2	0.019	0.546	0.030	0.645	0.410
ΔR^2	0.019	0.527***	0.011	0.626***	0.391***
F 统计值	2.088	96.312***	2.478*	115.781***	55.522***

注:回归系数为标准化回归系数;*** 代表 $p<0.001$(双尾检验);** 代表 $p<0.01$(双尾检验);* 代表 $p<0.05$(双尾检验)。

(2) 外部环境不确定性调节作用的层次回归分析

本书引入外部环境不确定性作为外部知识搜寻与企业创新绩效之间关系的调节变量,并提出外部环境不确定性对外部知识搜寻深度与企业创新绩效之间关系有负向调节作用(H7);外部环境不确定性对外部知识搜寻广度与企业创新绩效之间关系有正向调节作用(H8)。

表 5.16 显示,模型 12 中先引入了企业规模、企业年限、行业类型以及外部环境不确定性四个变量。进一步地,在模型 12 基础上,模型 13、模型 14 先后引入了外部知识搜寻深度、外部知识搜寻广度以及外部知识搜寻深度、广度与外部环境不确定性的乘积。由模型 14 可以看出外部环境不确定性对外部知识搜寻深度与企业创新绩效之间关系有显著地负向调节作用($\beta=-0.424$,$p<$

0.01),H7成立;外部环境不确定性对外部知识搜寻广度和企业创新绩效之间的关系的有积极正向的调节作用($\beta=2.527$,p<0.01),H8成立。

表 5.16   环境不确定性的调节作用

变量名称	模型 12	模型 13	模型 14
常数项	4.237***	3.669***	3.864***
控制变量			
企业规模	−.084	.056	.010
企业年限	−.317*	−.129	−.142
行业类型	.213	.050	.097
外部环境不确定性	−.123	.219*	.143
解释变量			
外部知识搜寻深度		−2.133***	−2.135***
外部知识搜寻广度		−23.675***	−22.300***
调节效应			
外部知识搜寻深度×外部环境不确定性			−.424**
外部知识搜寻广度×外部环境不确定性			2.527**
模型统计量			
R^2	0.022	0.575	0.626
ΔR^2	0.022	0.553***	0.051***
F 统计值	1.792	71.668***	66.006***

注:回归系数为标准化回归系数;*** 代表 p<0.001(双尾检验);** 代表 p<0.01(双尾检验);* 代表 p<0.05(双尾检验)。

（3）双元能力中介作用的层次回归分析

本书引入双元能力作为外部知识搜寻与企业创新绩效之间关系的中介变量,并提出双元能力对企业创新绩效的正向影响（H9）;外部知识搜寻深度对双元能力有倒 U 型影响（H10）;外部知识搜寻广度对双元能力有积极正向的影响（H11）;双元能力在外部知识搜寻深度与企业创新绩效之间关系中起部分中介作用

(H12)；双元能力在外部知识搜寻广度与企业创新绩效之间关系中起部分中介作用(H13)。

表 5.17 是关于双元能力对企业创新绩效的影响的回归分析结果。模型 15 中引入了企业规模、企业年限及行业类型三个控制变量；模型 16 在模型 15 基础上进一步引入双元能力这一变量。模型 16 的 F 值显著，模型拟合效果良好，双元能力对企业创新绩效的正向影响作用显著($\beta=0.52$,$p<0.001$)，H9 成立。

表 5.17　双元能力对企业创新绩效的影响

变量名称	模型 15	模型 16
常数项	4.268***	1.184
控制变量		
企业年龄	−.091	−.098
企业规模	−.321*	−.309*
行业类型	.195	.217
解释变量		
双元能力		.520***
模型统计量		
R^2	0.019	0.057
ΔR^2	0.019	0.037***
F 统计值	2.088	4.799***

注：回归系数为标准化回归系数；＊＊＊代表 $p<0.001$(双尾检验)；＊＊代表 $p<0.01$(双尾检验)；＊代表 $p<0.05$(双尾检验)。

表 5.18 是关于外部知识搜寻深度、广度对双元能力的影响的回归分析结果。由模型 18、模型 19 可知，外部知识搜寻深度对双元能力有非线性的倒 U 型影响，H10 成立。由模型 20、模型 21 可知，外部知识搜寻广度对双元能力的正向影响作用不显著，外部知识搜寻广度与双元能力之间是一种非线性的倒 U 型关系，H11 并未得到支持。

表 5.18　外部知识搜寻对双元能力的影响

变量名称	模型 17	模型 18	模型 19	模型 20	模型 21
常数项	5.925***	5.889***	6.006***	5.897***	5.994***
控制变量					
企业年龄	.014	.024	.015	.023	.018
企业规模	−.023	−.013	−.015	−.017	−.019
行业类型	−.041	−.048	−.040	−.047	−.040
解释变量					
外部知识搜寻深度		−.076	−.104*		
外部知识搜寻深度平方			−.092*		
外部知识搜寻广度				1.878	3.274*
外部知识搜寻广度平方					−82.688*
模型统计量					
R^2	0.001	0.012	0.030	0.008	0.020
ΔR^2	0.001	0.011**	0.029**	0.006**	0.019***
F 统计值	0.147	0.999***	2.000**	0.618**	1.331***

注:回归系数为标准化回归系数;*** 代表 $p<0.001$(双尾检验);** 代表 $p<0.01$(双尾检验);* 代表 $p<0.05$(双尾检验)。

　　表 5.19 是关于双元能力对外部知识搜寻与企业创新绩效关系的中介作用的层次回归分析结果。模型 21、模型 22、模型 23、模型 24 与模型 25 的被解释变量为企业创新绩效。模型 23 引入双元能力这一中介变量,R^2 值有了一定地程度提高,说明双元能力在外部知识搜寻深度和企业创新绩效的关系中起到了部分中介作用,H12 得到支持。模型 25 在模型 24 的基础上加入了中介变量双元能力后,模型 25 的 R^2 值有了一定程度地提高,双元能力在外部知识搜寻广度与企业创新绩效关系中的中介作用得到证实,H13 成立。

表 5.19　双元能力的中介作用

变量名称	模型 21	模型 22	模型 23	模型 24	模型 25
常数项	4.268***	4.339***	3.086***	3.685***	1.388
控制变量					
企业年龄	−.091	.032	.029	.088	.079
企业规模	−.321*	−.146	−.143	−.179	−.173
行业类型	.195	.122	.131	.076	.095
解释变量					
外部知识搜寻深度		−1.590***	−1.569***		
外部知识搜寻深度平方		−.574***	−.555***		
外部知识搜寻广度				39.749***	39.017***
中介变量					
双元能力			.209*		.389**
模型统计量					
R²	0.019	0.645	0.651	0.410	0.431
ΔR²	0.019	0.626***	0.006*	0.391***	0.021**
F 统计值	2.088	115.781***	98.674***	55.522***	48.236***

注:回归系数为标准化回归系数;*** 代表 $p<0.001$(双尾检验);** 代表 $p<0.01$(双尾检验);* 代表 $p<0.05$(双尾检验)。

5.4.3　小结

层次回归分析结果显示,本书所提出的大部分假设通过了实证检验。具体地说,在管理者认知与外部知识搜寻的关系中,管理者认知集中性对外部知识搜寻深度的正向影响显著;管理者认知集中性对外部知识搜寻广度的负向影响作用显著;管理者认知复杂性对外部知识搜寻广的正向影响也得到实证支持;管理者认知复杂性对外部知识搜寻深度的负向影响作用并未得到验证。在外部知识搜寻与企业创新绩效的关系中,外部知识搜寻深度对企业创新绩效的非线性的倒 U 型影响作用得到证实,外部知识搜寻广度对企业创新绩效的正向作用显著。外部环境不确定性对不同维度的外部知识搜寻于企业创新绩效之间关系的调节作用所做出的表现不同,外部环境不确定性对外部知识搜寻深度与企业创新绩效之间的负向调节作用得到支持,外部环境不确定性对外部知识搜寻广度与企业创新绩效之间的正向调节作用也得到验证支持。在双元能力的中介作用的实证分析中,双元能力对企业创新绩效的正向调节作用得到验证支持;外部知识搜寻深度对双元能力的倒 U 型影响作用得到了实证支持,而外部知识搜寻广度对双元能力的正向影响作用并未得到验证,检验结果显示,外部知识搜寻广度对双元能力的是一种非线性的倒 U 型影响。双元能力在外部知识搜寻深度、外部知识搜寻广度与企业创新绩效的关系中的部分中介作用均得到验证支持。

5.5　结果与讨论

5.5.1　实证研究结果汇总

本书在第三章所提出的研究假设与概念模型基础上,通过验证性因子分析、相关性分析以及层次回归分析等方法对回收而来的 325 份有效调查问卷进行了实证检验,深入探讨了管理者认知集中性、管理者认知复杂性对外部知识搜寻深度、外部知识搜寻广度的影响作用;外部知识搜寻深度、外部知识搜寻广度对企业创新绩效的直接影响效应以及外部环境不确定性的调节作用;进一步讨论了外部知识搜寻、双元能力以及企业创新绩效之间的作用机制,检验了双元能力的中介作用。实证分析检验结果汇总如表 5.20 所示。

首先,运用层次回归分析法检验了管理者认知与外部知识搜寻之间的关系,分析结果显示,不同维度的管理者认知对外部知识搜寻产生的影响作用不同,H1、H2、H4 得到了验证支持。其次,对外部知识搜寻与企业创新绩效之间直接效应的层次回归分析结果表明,不同维度的外部知识搜寻对企业创新绩效有不同的影响效果,H5、H6 得到支持;引入外部环境不确定性这一调节变量,回归分析结果显示,外部环境不确定性对外部知识搜寻深度与企业创新绩效之间的关系的负向调节作用显著,H7 得到验证支持;外部环境不确定性对外部知识搜寻广度与企业创新绩效之间的关系的正向调节作用显著,H8 也得到了验证支持。最后,同样是运用层次回归分析法对外部知识搜寻、双元能力以及企业创新绩效之间的作用机制进行了实证分析检验,结果显示,双元能力对企业创新绩效的正向影响显著,H9 成立;外部知识搜寻深度对双元能力具有倒 U 型的影响作用,H10 成立;外部知识搜寻广度对双元能力的正向影响作用并未得到验证,H11 不成立。在外部知识搜寻深度对企业创新绩效的影响中,双元能力起到了部分中介作用;在外部知识搜寻广度对企业创新绩效的影响中,双元能力也起到了部分中介作用,H12、H13 均成立。

表 5.20　假设检验结果汇总

假设序号	假设内容	实证结论
H1	管理者认知集中性对外部知识搜寻深度有正向影响	支持
H2	管理者认知集中性对外部知识搜寻广度有负向影响	支持
H3	管理者认知复杂性对外部知识搜寻深度有负向影响	不支持
H4	管理者认知复杂性对外部知识搜寻广度有正向影响	支持
H5	外部知识搜寻深度对企业创新绩效有倒 U 型影响	支持
H6	外部知识搜寻广度对企业创新绩效有正向影响	支持
H7	外部环境不确定性负向调节外部知识搜寻深度与企业创新绩效之间的关系	支持

假设序号	假设内容	实证结论
H8	外部环境不确定性正向调节外部知识搜寻广度与企业创新绩效之间的关系	支持
H9	双元能力对企业创新绩效有正向影响	支持
H10	外部知识搜寻深度对双元能力有倒 U 型影响	支持
H11	外部知识搜寻广度对双元能力有正向影响	不支持
H12	双元能力在外部知识搜寻深度与企业创新绩效关系中起部分中介作用	支持
H13	双元能力在外部知识搜寻广度与企业创新绩效关系中起部分中介作用	支持

5.5.2　管理者认知与外部知识搜寻的关系

本文着眼于管理者认知的注意力配置与主观因果逻辑两个方面,通过关注管理者认知的知识结构的整体特征,将管理者认知划分为管理者认知的集中性与管理者认知的复杂性两个维度。为了分析管理者认知与外部知识搜寻之间的关系,本书通过 325 份有效样本数据对所涉及的研究变量进行了信度分析及验证性因子分析,以确保问卷的科学有效性。在此基础上,本书运用层次回归分析法,验证了管理者认知的两个维度对外部知识搜寻的不同影响效果。

第一,实证分析结果证实了管理者认知集中性对外部知识搜寻深度的正向影响作用。这一研究结论呼应了 Stephen,Redding(2002)的研究结论,他们提出并论证了创新搜寻的成果会受到管理者认知知识结构特征的影响,管理者创新搜寻活动的历史因素决定了管理者现在以及未来创新搜寻方向的关注进而影响企业外部创新搜寻的范围与内容。第二,实证分析结果并没有支持"管理者认知复杂性对外部知识搜寻深度有负向影响作用"这一假设。尽管一些学者认为管理者认知复杂性对外部知识搜寻广度的促进作用必然会导致对外部知识搜寻深度的抑制。然而,实证分析发现,管理者认知复杂性对企业外部知识搜寻深度的负向影响并不显著,本书所提假设并未得到证实。第三,实证分析结果支持了"管理者认知集中性对外部知识搜寻广度有负向影响作用"这一研究假设。管理者认知集中性越高,越倾向于关注对自身所熟悉领域,重视对"核心概念"相关知识的识别与利用,倾向于制定针对某个或某几个外部知识源的深度搜寻策略,在促进外部知识搜寻深度的同时抑制企业开展广泛的知识搜寻活动。第四,实证分析结果证实管理者认知复杂性对外部知识搜寻广度的正向影响作用。这一结论部分呼应了 Mohr,Sengupta(2002)、王永健(2006)、Van de Vrande(2013)等人的研究,证明了认知复杂性高的管理者的知识结构具有较高的包容性,对概念之间的因果关系的理解更为多样,有利于其能更为准确地分析、理解、解释外部环境中的各种因素之间的相互联系,调动各种不同概念范畴的知识,运用多种理论、基于多种视角,构建更复杂的图式来组织自己的感知,对任务环境进行更为深层次的解读,形成对环境较为系统的、全面的解释,为寻求与环境变动更为匹配的应对措施,倾向于作出外部知识搜寻广度策略,引导企业进行在更为广泛的范围内开展知识搜寻活动。整体来看,本书对管理者认知与外部知识搜寻之间关系的层次回归分析结果显示,不同维度的管理者认知对不同维度的外部知识搜寻活动的影响不同。比较各回归系数发现,管理者认知集中性对外部知识搜寻深度的影响($b = 0.448$, $p < 0.001$)高于管理者认知复杂性对外部知识搜寻广度的影响($b = 0.05$, $p < 0.05$)。这说明对于管理者而言,由于企业管理者基于其个人经

历、经验所形成的特有的认知模式,决定了其对不同信息的注意力配置差异,而注意力对于个体而言是稀缺的,管理者对企业决策制定、行为选择会予以"注意力规制"。因而导致了管理者更加关注具体、立即可见的结果,自发的用简单的模仿或沿袭旧惯例来解决所遇到的问题,而难以通过抽象的思考看清决策的长期效果。对此,本书认为,管理者应当努力克服非此即彼的认知模式,打破自身注意力的主观设限,不能仅凭惯性认定哪些外部知识源对于企业创新是有效的,哪些是无效的,避免由于认知集中性而导致认知的刚性,进一步开辟认知空间,拓展决策思路,为企业制定更为有效的外部知识搜寻策略。

5.5.3 外部知识搜寻与企业创新绩效的关系

本书借鉴了 Laursen,Salter(2006)的观点,根据企业创新活动对不同外部知识源利用程度,将外部知识搜寻划分为外部知识搜寻深度与外部知识搜寻广度两个维度。外部知识搜寻深度是指企业创新活动中对某个或某些外部知识源的利用程度;外部知识搜寻广度是指企业创新活动所依赖的不同的外部知识源的数量。为分析外部知识搜寻与企业创新绩效之间的直接效应,本书一方面通过 325 份有效样本数据对企业创新绩效量表进行信度分析,确保测量题项内部一致性水平的良好。另一方面,运用验证性因子分析的方法对企业创新绩效进行效度检验,检验结果显示,各项统计值均在理想范围之内,测量模型拟合结果良好。在此基础上,本书通过层次回归分析法,验证了外部知识搜寻的两个维度对企业创新绩效的不同的直接效应。

第一,实证分析结果证实了外部知识搜寻深度对企业创新绩效有倒 U 型的影响作用。尽管一些学者认为外部知识搜寻深度可能会对企业创新绩效产生正向的或是负向的线性影响作用,本书的研究结论则支持了 Laursen,Salter(2006)等学者的观点,外部知识搜寻深度达到某一程度时,企业外部知识搜寻深度对企业创新绩效的消极影响发挥主导作用,阻碍企业创新绩效的提升。第二,实证分析结果证实了外部知识搜寻广度对企业创新绩效的正向影响作用。这一研究结果呼应了 Pyka(1997)、Kang(2009)等人的研究结论。由于外部知识搜寻涉及的转移知识大多是以信息为主要载体或形式,常常是非正式的、依赖于私人关系或社会网络进行外部搜寻活动,不会产生过多的交易成本、协调成本。即使外部知识搜寻广度的增加会造成一定程度的外部知识处理利用成本的增加,但由于外部知识搜寻广度产生的积极效应能够大大减低企业创新的不确定性。因此,总体而言,外部知识搜寻广度有利于企业创新绩效的提升。

5.5.4　外部环境不确定性的调节作用

本书引入外部环境不确定性这一变量作为影响外部知识搜寻与企业创新绩效关系的调节变量,并提出外部环境不确定性将会对外部知识搜寻的不同维度与企业创新绩效之间的关系中产生不同的调节效应。实证分析结果部分支持了本书所提出的理论假设。

第一,实证分析结果证实了外部环境不确定性对外部知识搜寻深度与企业创新绩效之间关系的负向调节作用。本书认为,随着外部环境不确定性的增加,企业所要解决的非结构性问题增多,对以往搜寻经验或惯例的过度依赖容易导致企业创新产品或服务难以跟上市场变化,陷入"熟悉陷阱",进而导致在外部环境不确定性程度较高时,外部知识的深度搜寻会阻碍企业创新绩效的提升。

第二,实证分析结果证实了外部环境不确定性对外部知识搜寻广度与企业创新绩效之间的关系的正向调节作用。一方面,随着科技发展推动新技术的涌现,行业原有标准、主导设计不断被打破,技术突破速度不断推进,行业技术环境不确定性程度持续提升;另一方面,顾客对产品、服务多样化、差异化诉求的增加,产品生命周期不断缩短,推动着市场需求的不断变化。广泛地外部知识搜寻活动能够降低企业创新成本与创新风险,更好地应对外部环境不确定性带来的威胁、挖掘及把握潜在机遇,获取跨技术、跨行业、跨领域的异质性知识。外部知识搜寻范围越广,企业所能获取利用的差异化知识资源对现有知识的补充、重构及再创造的可能性越高,有助于企业创新绩效提升。

5.5.5   双元能力的中介作用

本书的重要理论贡献是组织双元性视角,考察了外部知识搜寻对企业创新绩效的影响机制。通过文献回顾与理论探索分析,本书将双元能力引入到外部知识搜寻对企业创新绩效的理论模型中,进一步丰富了有关外部知识搜寻不同维度如何影响企业创新绩效的相关研究,同时更是弥补了现有相关研究在解释外部知识搜寻如何影响企业创新绩效方面的不足。实证研究结果证实了双元能力在外部知识搜寻与企业创新绩效之间关系中的中介作用。为了进一步探索不同维度的外部知识搜寻对企业创新绩效的影响机制,本书采用层次回归分析的方法对双元能力的中介作用进行了分析。第一,实证分析结果支持了双元能力对企业创新绩效的正向影响($b = 0.520$; $p < 0.001$)。所得结论支持了 He, Wong (2004)、Lavie, Stettner, Tushman(2010)等学者的观点。双元能力是企业能够保持探索能力与利用能力处于某种动态均衡、协调

状态的能力。双元能力的提升使得企业既能够通过开展有效创新探索活动，以获得异质的资源组合，发现潜在的创新机遇，通过企业创新确保企业的长期生存发展；也能够充分利用现有资源，培养企业的利用能力，保障企业创新效率及短期创新收益，帮助企业在适应环境的同时构建长期竞争优势，实现在长期与短期中都能获得较高的创新绩效水平。第二，实证分析结果显示，外部知识搜寻深度对双元能力的倒 U 型影响得到证实，同时双元能力在外部知识搜寻深度与企业创新绩效之间的部分中介作用成立。外部知识搜寻深度对双元能力的负向影响作用可能是由于外部知识搜寻深度与企业利用能力的关系密切。外部知识搜寻深度越高，越倾向于利用能力的发展，相对应地，企业对探索能力的关注与投入不断减少，探索能力以及探索能力与利用能力的双元平衡效果不断下降，进而导致企业过度嵌入于某个价值网络中，随着价值网络的束缚的增加，嵌入性相应提高，容易使企业陷入强关系陷阱，导致企业的"嵌入刚性"，阻碍企业双元能力的平衡效应的实现，不利于企业双元能力的提升（Gupta, Smith, Shalley, 2006；朱朝晖，陈劲，2007）。第三，实证分析结果显示，外部知识搜寻广度对双元能力的影响是一种非线性的倒 U 型影响而非线性的正向影响，同时双元能力在外部知识搜寻广度与企业创新绩效之间的部分中介作用成立（引入双元能力变量后，回归的 R^2 有显著提高）。外部知识搜寻广度对双元能力的倒 U 型影响作用可能是由于，随着外部搜寻广度的增加，企业所搜寻来的外部知识资源的异质性程度也随之提高，这些异质性的外部知识更有利于企业探索能力的发展，企业探索能力与利用能力逐渐趋向于不平衡，不利于企业双元能力的发展。总体来看，双元能力对外部知识搜寻与企业创新绩效之间关系起着非常重要的中介作用。适度地外部知识搜寻活动不但能够对企业的双元能力的构建与提升有显著的促进作用,也有利于企业获得长期的更好的创新绩效表现。

5.6 本章小结

本书以 325 家企业的问卷调查结果为数据分析样本,对外部知识搜寻影响企业创新绩效作用机制的研究假设与概念模型进行了实证分析检验。本书基于微观个体层面的管理者视角,提出了管理者认知影响外部知识搜寻的理论假设。首先对管理者认知的不同维度与外部知识搜寻的关系进行了层次回归分析。分析结果表明,管理者认知集中性对外部知识搜寻深度有显著正向影响;管理者认知复杂性对外部知识搜寻广度有显著正向影响,H1、H2、H4 得到实证支持,H3 并未得到证实。其次,本书展开了外部知识搜寻不同维度对企业创新绩效直接影响的层次回归分析。分析结果显示,外部知识搜寻深度对企业创新绩效倒 U 型的影响作用,H5 得到实证支持;外部知识搜寻广度对企业创新绩效有正向的显著影响,H6 得到实证支持。引入外部环境不确定性作为影响外部知识搜寻与企业创新绩效关系的调节变量,通过层次回归分析方法对外部环境不确定性的调节效应展开了分析。结果显示,外部环境不确定性对外部知识搜寻深度与企业创新绩效之间关系有显著的负向调节作用,H7 得到实证支持;外部环境不确定性对外部知识搜寻广度与企业创新绩效之间关系有显著的正向调节作用,H8 得到实证支持。最后,本书对双元能力的中介作用进行了层次回归分析。分析结果显示,双元能力对企业创新绩效有显著正向影响,H9 得到实证支持;外部知识搜寻深度对双元能力有倒 U 型的影响作用,H10 得到实证支持;双元能力对外部知识搜寻深度与企业创新绩效关系起部分中介作用得到实证支持，H12 成立；外部知识搜寻广度对双元能力的正向影响不显著，进一步引入外部知识搜寻广度平方项得出，外部知识搜寻广度对双元能力有倒 U 型的影响作用，H11 未得到实证支持；双元能力对外部知识搜寻广度与企业创新绩效关系起部分中介作用得到实证支持，H13 成立。

6. 结论、启示与展望

通过前面五个部分的研究,本文对管理者认知、外部知识搜寻以及企业创新绩效之间关系进行了系统、深入的理论阐述和实证分析。基于此,本章将对本文所提出的研究假设的实证分析结论进行归纳总结,阐明本书的理论贡献与实践意义,并对本书的不足与未来研究的展望进行说明。

6.1 结　论

经济的全球化演进、信息技术的飞速发展,使得企业所面临的竞争环境愈加复杂且充满不确定性。高度竞争的商业环境中,创新作为企业构建与维持企业长期竞争优势的关键性作用愈发显著。而创新资源分配格局的改变,对于起步较晚,技术相对落后的我国大多数企业而言,正是进行后发赶超的关键时机。我国企业必须认识并重视外部的创新知识源的利用,将内部知识线型主导的创新思维转变为多渠道、全方位的多样化知识搜寻,促进有价值的外部知识的内化与储存。

在此背景下,围绕"管理者认知、外部知识搜寻对企业创新绩效的影响"这一中心研究命题,本文选取了经济发展水平较高的山东、江苏及福建作为样本收集地区,整合注意力理论、资源基础理论、组织双元理论,构建了外部知识搜寻、管理者认知、组织双元能力与企业创新绩效之间关系的概念模型,通过理论演绎、大样本统计分析等一系列分析方法辅以 SPSS 等数理统计工具,有机结合运用定性分析,基于 325 家企业的样本数据对文章所提出的概念模型及研究假设进行了统计分析检验,明确回答了以下五个问题:(1)微观个体层面的管理者认知对企业外部知识搜寻有怎样的影响?(2)外部知识搜寻与企业创新绩效之间有怎样的关系?(3)环境不确定性对外部知识搜寻与企业创新绩效之间关系有怎样的调节作用?(4)双元能力与企业创新绩效有怎样的关系?(5)外部知识搜寻如何通过影响企业双元能力,从而对企业创新绩效产生影响的?

针对所提出的理论假设,本文通过多元线性回归方法对 325 家企业进行的实证检验结果支持了本文所提出的大部分研究假设。子研究一的实证分析结果显示,管理者认知的不同维度对企业外部知识搜寻有不同的影响:管理者认知集中性对外部知识搜寻深度有显著正向影响;管理者认知集中性对外部知识搜寻广度有显著的负向影响;管理者认知复杂性对外部知识搜寻广度存在显著的正向影响。子研究二的实证分析结果对本文所提出的子问题二、三、四、五给出了明晰的回答:以双元能力为中介变量、外部环境不确定性为调节变量的层次回归分析结果显示,外部知识搜寻的不同维度对双元能力及企业创新绩效有着不同的直接影响作用,外部知识搜寻深度对双元能力、企业创新绩效均有非线性的倒U 型影响,双元能力对外部知识搜寻深度与企业创新绩效之间关系的部分中介作用得到支持;外部知识搜寻广度对双元能力的正向影响作用不显著,进一步引入外部知识搜寻广度平方项后得出外部知识搜寻广度对双元能力有倒 U 型影响;外部知识搜寻广度对企业创新绩效有显著的正向影响,且双元能力对外部知识搜寻广度与企业创新绩效之间关系的部分中介作用得到支持;外部环境不确定性对外部知识搜寻深度、外部知识搜寻广度与企业创新绩效之间的关系调节作用均得到支持。

6.2　理论贡献与实践启示

6.2.1　理论贡献

本书关注了微观个体层面因素——管理者认知对企业外部知识搜寻的影响作用以及外部知识搜寻对企业创新绩效的直接效应、环境不确定性的调节效应以及双元能力的中介效应。围绕所提出的五个子问题,现有相关理论基础上,通过理论演绎构建了概念模型并提出了的相应的理论假设,采用大样本数据统计分析方法,分别检验了所提出假设的合理性与有效性。本书对以下两个方面进行了理论的拓展及深化:

(1)本文证实了管理者认知对企业外部知识搜寻的影响,强调了微观个体层面因素对外部知识搜寻的重要作用。对于企业开展外部知识搜寻活动的影响因素这一问题,现有研究大多仅仅强调了外部环境对其的引导,过度关注于那些非人性的东西。借助于 Gilbert,Christensen(2005)所提出了解决问题的有效方法——拓展研究视角、借鉴其他理论与开展嵌套性分析,本文将以往关于外部知识搜寻影响因素的研究视角由以往企业外生性因素拓展到企业微观个体层面的管理者认知因素上。作为企业创新行为的主导者与促进者,管理者长期经营实践过程中,随着经验及知识的沉积逐渐形成的一种特有的认知结构框架即为管理者认知,企业外部搜寻将会受到高层管理者认知的影响。本文关注的微观层面的管理者认知的不同维度对企业外部知识搜寻的影响作用,有助于外部知识搜寻的影响因素地深入探究,丰富了外部知识搜寻影响因素研究成果。

(2)进一步深入探讨了外部知识搜寻与企业创新绩效之间的关系,通过将外部知识搜寻划分为外部知识搜寻深度与外部知识搜寻广度来考察外部知识搜寻的不同维度对企业创新绩效的影响,进一步探究了不同维度的外部知识搜寻对企业创新绩效的不同影响作用,丰富了外部知识搜寻与企业创新绩效之间直接关系的相关研究。对于"外部知识搜寻对企业创新绩效的影响"这一问题,现有研究的焦点是企业外部知识搜寻对企业创新绩效的直接影响,而对企业外部知识搜寻影响创新绩效的中间机制的关注较少。在现有相关研究基础上,本文构建了外部知识搜寻、双元能力与企业创新绩效三者之间关系的分析框架,既在理论层面上阐明了外部知识搜寻对于协调、平衡企业探索能力与利用能力双元的机理,也通过统计分析验证了外部知识搜寻、双元能力构建对企业创新绩效的影响作用。

关于组织双元性以及双元能力构建的现有研究主要聚焦于平衡型双元能力对企业绩效的影响作用以及企业如何协调自身资源与能力继而实现内部的双元平衡等问题(He,Wong,2004;李忆,司有和,2008)。对于企业通过外部途径实现双元平衡,进而影响企业创新结果的研究较为缺乏。本文借鉴了 Baden－Fuller 等学者所提出的"资源外取"(Outsourcing)思想,将外部知识搜寻作为企业缓解企业二元张力冲突、协调探索能力与利用能力的平衡型双元的外部路径。具体而言,本文所得研究结论的理论意义在于:

（1）论证并检验了开展广泛的外部知识搜寻能够缓解企业内部资源不足压力进而缓解探索能力与利用能力之间张力以促进平衡型双元能力构建的内在机理；（2）论证了平衡型双元能力与企业创新绩效之间关系，并通过实证方法检验了双元能力对企业创新绩效积极影响作用；（3）论证了双元能力在外部知识搜寻与企业创新绩效关系中的中介作用，识别出了不同维度的外部知识搜寻活动对影响双元能力构建以及创新绩效获得的不同路径。以上三点，进一步阐述并验证了"外部知识搜寻是提升企业创新绩效、协调企业双元能力的重要途径"（Huber，1991）这一观点，丰富了构建双元能力的有效路径及作用效果的实证研究。另外，本文在现有外部知识搜寻相关研究基础上，选择关注了外部环境不确定性对企业外部知识搜寻与企业创新绩效间关系的调节作用，揭示并检验了随着外部环境不确定性变化，外部知识搜寻广度与外部知识搜寻深度对企业创新绩效的作用变化、揭示了外部环境不确定性的调制效应。

总体而言，本文对双元能力在企业外部知识搜寻与企业创新绩效之间关系中中介作用的探讨、外部环境不确定性在企业外部知识搜寻与企业创新绩效之间关系中调节作用的探讨，帮助打开了外部知识搜寻对企业创新绩效作用机制的黑箱，对今后研究从双元能力着手探讨外部知识搜寻对企业创新绩效的作用机制起到了一定的引导作用。

6.2.2　实践启示

本文通过探讨微观个体层面的管理者认知对外部知识搜寻有怎样的影响？以及外部知识搜寻是否以及如何对企业创新绩效产生影响，在现有相关研究基础上进行了理论分析与演绎，进而提出了管理者认知的不同维度的对外部知识搜寻的影响以及不同维度外部知识搜寻对企业创新绩效的作用机制的相关假设,采用了问卷调查、二手数据分析等方法,逐步验证了本文所提出观点的合理性与有效性。具体而言,本文在以下三个方面为我国企业的创新提供了一定的管理实践启示:

(1)利用多样化的外部创新资源提升自身创新能力,应对激烈的国际市场竞争是后发国家企业赶超战略的必由路径。伴随着移动互联技术的发展,各类研发中心、创业孵化器、创新平台涌现,我国企业所处的创新资源环境的开放程度越来越高,创新来源多渠道、多样化特征越来越明显。外部知识搜寻是获取与学习其他组织知识的有效途径,多样且异质的知识像滚雪球一样在企业内部不断增加,企业对新知识获取的速度越来越快,企业创新成果不断增加。因此,在创新资源环境日益开放的情境下,我国企业想要提升自身研发能力,就必须认识并重视外部的创新知识源的广泛利用,将内部知识线型主导的创新思维转变为多渠道、全方位的多样化知识搜寻,促进有价值的外部知识的内化与储存。

(2)基于认知层面的分析逻辑能够帮助更为深刻的理解企业创新实践中的诸如"企业为何会陷入搜寻-失败-再搜寻的创新陷阱?"、"为何身处相同行业的不同企业应对外部环境变化时展现出完全不同的行为表现?"等非常规现象。本文既强调了,企业高层管理者对外部环境变化的积极关注,并根据环境变化有效地配置或调整其有限的注意力,对于企业创新实践中机遇识别与把握、创新资源的有效配置与协调,引导企业进行更加开放的外部创新搜寻活动具有十分重要的意义;也强调了作为企业最终的决策制定者,企业高层管理者所拥有知识的多样性、包容性也具有同样重要的意义。对管理者认知的关注能够促使管理者通过不断地学习以及适当的心智训练,提高自身知识的多样性与复杂性,在立足于现实情况,迅速识别潜在的威胁与机遇,帮助企业制定有效的决策。同时,对管理者认知的关注也有助于企业选择与培养优秀的高层经理人员,帮助企业有效地预测、识别竞争对手的变化和反变化。

（3）外向型的创新搜寻活动是协调双元悖论的重要途径（Baden-Fuller,Volberda,1997;肖丁丁,2013）,不同维度的外部知识搜寻活动对于企业双元能力的平衡效果有着不同的影响。在这个时代里,各种矛盾、两难的局面和不连贯的事物随处可见,成功的企业不但得处理矛盾,还得从中获利,当消费者越来越要求多样化、高质量且合理价格的产品时,企业更迫切地需要结合作业效率及战略弹性,以满足现在和未来的顾客（Takeuchi,Nonaka,2004）。随着外部环境不确定性加剧,为实现这个目标,企业需要同时具备确保短期目标收益实现的能力以及构建长期的竞争优势的能力,必须有效地发展利用能力和探索式能力,持续地以渐进改善提升现有的产品市场地位,并积极跃进创新以开发未来市场机会,这是当代企业所面临的最重要课题（Levinthal,March,1993;March,1991;Teece,1997）。双元能力平衡被认为是企业实现企业生存和发展“双赢”局面的关键。资源配置的合理性、有效性以及资源自身的有限性是探索能力与利用能力之间持续张力的症结所在。这种资源方面的限制与缺陷在我国大多数后发企业的发展中尤为明显。本文通过外部知识搜寻维度的划分,识别了不同维度外部知识搜寻对企业双元能力平衡的不同作用。开展广泛的外部知识搜寻活动能够帮助企业缓解创新资源不足的压力,有助于企业双元能力的构建。针对兼顾双元平衡对企业创新绩效究竟有怎样的影响之一讨论,研究结果表明,双元能力平衡将会带来企业创新绩效的显著提升。企业需要注意的是,追求双元平衡过程中可能会引发一定程度的财务风险,应对通过积极有效地部门协调、内外部关系协调以及长短期目标协调予以解决。

6.3　研究局限与展望

尽管本书严格遵循科学研究的基本原则与逻辑,提出并明确了一定的研究结论,一定程度上弥补了现有相关学术研究的不足,但是由于时间与条件限制,研究问题较为复杂,本文仍然存在一些局限性,具体表现在以下三个方面:

(1) 数据收集方面。由于笔者所处地理区域限制以及基于样本回收时间与数量的考量,本文针对山东、江苏两省部分企业展开了随机性抽样调查,调研区域的局限性可能导致本书结论的普适性;另外,通过现场发放与回收、熟人代发、委托中介机构代发、邮件回收等多种问卷发放渠道及回收方式获得的数据通过了回复偏差和共同方法偏差的检验,然而,针对本书所选企业大多为制造类企业这一问题,在实证分析部分并未对行业差异进行区分。因此,后续研究可具体选择某一行业进行更加细化、具体的分析。

(2) 变量测度方面。基于样本数据的可获得性以及研究成本耗费的考量,本书采用 Likert7 点量表对管理者认知集中性、管理者认知复杂性进行了测度,在设计这两个变量的测度时,参考借鉴了现有成熟量表及权威文献,尽管,管理者认知集中性与管理者认知复杂性均通过了信度与效度检验。但就管理者认知的测度而言,相对于问卷调查测量形式而言,文本分析法被认为是更加科学、可靠、有效且规范的。因此,后续研究可以通过文本分析法进一步地展开深入探讨。

(3) 研究方法方面。本文主要运用了文献研究、问卷调查、统计分析等研究方面,采用结构方程模型与分层回归模型对所获取样本数据进行处理,但由于笔者囿于时间与成本的限制,本书缺乏实践中的案例支持,未能进一步地深入探讨研究假设与结论在管理实践中的有效性。后续研究可以通过选择适当地企业实践案例对本文所提假设展开进一步地论证,进而确保本书所得结论在企业实践中的有效性与可行性。

参考文献

[1] Abrahamson E, Hambrick D C. Attentional homogeneity in industries: The effect of discretion[J]. Journal of Organizational Behavior, 1997, 18 (S1):513—532.

[2] Adner R, Helfat C E. Corporate effects and dynamic managerial capabilities[J]. Strategic Management Journal, 2003, 24(10):1011—1025.

[3] Afuah A. Dynamic boundaries of the firm: are firms better off being vertically integrated in the face of a technological change? [J]. Academy of Management journal, 2001, 44(6):1211—1228.

[4] Afuah A. How much do your co-opetitors' capabilities matter in the face of technological change? [J]. 2000.

[5] Aharoni Y. The foreign investment decision process[M]. Boston, 1966.

[6] Ahuja G. Collaboration networks, structural holes, and innovation: A longitudinal study[J]. Administrative science quarterly, 2000, 45(3):425—455.

[7] Ahuja G, Katila R. Technological acquisitions and the innovation performance of acquiring firms: A longitudinal study[J]. Strategic management journal, 2001, 22(3):197—220.

[8] Ahuja G, Katila R. Where do resources come from? The role of idiosyn-

cratic situations[J]. 2004.

[9] Amit R, Sehoemaker P J H. Strategic Assets and Organizational Rent[J]. Strategic Management Journal, 1993, 14(1).

[10] Ahuja G, Lampert C M. Entrepreneurship in the large corporation: A longitudinal study of how established firms create breakthrough inventions [J]. Strategic Management Journal, 2001, 22(6—7):521—543.

[11] Alegre J, Chiva R. Assessing the impact of organizational learning capability on product innovation performance: An empirical test[J]. Technovation, 2008, 28(6):315—326.

[12] Almirall E, Casadesus-Masanell R. Open versus closed innovation: A model of discovery and divergence[J]. Academy of management review, 2010, 35(1):27—47.

[13] Arundel A, Kabla I. What percentage of innovations are patented? Empirical estimates for European firms[J]. Research policy, 1998, 27 (2): 127—141.

[14] Atuahene-Gima K, Murray J Y. Exploratory and exploitative learning in new product development: A social capital perspective on new technology ventures in China[J]. Journal of International Marketing, 2007, 15(02): 1—29.

[15] Atuahene-Gima K. Resolving the capability—rigidity paradox in new product innovation[J]. Journal of marketing, 2005, 69(4):61—83.

[16] Atuahene-Gima K, Yang H. Market orientation, managerial interpretation, and the nature of innovation competence development[J]. 2008.

[17] Auh S, Menguc B. Balancing exploration and exploitation: The moderating role of competitive intensity[J]. Journal of Business Research, 2005, 58(12):1652—1661.

[18] Bae L, Gargiulo M. Local action and efficient alliance strategies in the telecommunications industry[M]. Insead, 2003.

［19］Baden-Fuller C, Volberda H W. Strategic renewal: How large complex organizations prepare for the future［J］. International Studies of Management & Organization, 1997:95—120.

［20］Barney J B. Integrating organizational behavior and strategy formulation research: A resource based analysis［J］. Advances in strategic management, 1992, 8(1):39—61.

［21］Baron E, Hauschildt P H. Co-moving frame radiative transfer in spherical media with arbitrary velocity fields［J］. Astronomy & Astrophysics, 2004, 427(3):987—994.

［22］Baron R M, Kenny D A. The moderator-mediator variable distinction in social psychological research: Conceptual, strategic, and statistical considerations［J］. Journal of personality and social psychology, 1986, 51(6): 1173.

［23］Barnard C, Simon H A. Administrative behavior. A study of decision-making processes in administrative organization［M］. Macmillan, New York, 1947.

［24］Barney J. Firm resources and sustained competitive advantage［J］. Journal of management, 1991, 17(1):99—120.

［25］Baron E, Hauschildt P H. Co-moving frame radiative transfer in spherical media with arbitrary velocity fields［J］. Astronomy & Astrophysics, 2004, 427(3):987—994.

［26］Barr P S, Huff A S. Seeing isn't believing: Understanding diversity in the timing of strategic response［J］. Journal of management studies, 1997, 34 (3):337—370.

［27］Barr P S, Stimpert J L, Huff A S. Cognitive change, strategic action, and organizational renewal［J］. Strategic management journal, 1992, 13(S1): 15—36.

［28］Baum J A C, Rowley T J, Shipilov A V, et al. Dancing with Strangers:

Aspiration Performance and the Search for Underwriting Syndicate Partners [J]. Administrative Science Quarterly. 2005, 50(4):536—575.

[29] Becker W, Dietz J. R&D cooperation and innovation activities of firms—evidence for the German manufacturing industry[J]. Research policy, 2004, 33(2):209—223.

[30] Bell M, Albu M. Knowledge systems and technological dynamism in industrial clusters in developing countries[J]. World development, 1999, 27(9):1715—1734.

[31] Benner M J, Tushman M L. Exploitation, exploration, and process management:The productivity dilemma revisited[J]. Academy of management review, 2003, 28(2):238—256.

[32] Benner M J, Tushman M. Process management and technological innovation:A longitudinal study of the photography and paint industries[J]. Administrative Science Quarterly, 2002, 47(4):676—707.

[33] Benner M, Tushman M. Reflections on the 2013 Decade Award:"Exploitation, Exploration, and Process Management:The Productivity Dilemma Revisited" ten years later[J]. Academy of Management Review, 2015.

[34] Bingham C B, Haleblian J. How Do Organizations Learn(Or Not) from Experience? A Construal Based View[J]. 2008.

[35] Bourgeois L J. On the measurement of organizational slack[J]. Academy of Management review, 1981, 6(1):29—39.

[36] Bogner W C, Barr P S. Making sense in hypercompetitive environments:A cognitive explanation for the persistence of high velocity competition[J]. Organization Science, 2000, 11(2):212—226.

[37] Brady T, Davies A. Building project capabilities:from exploratory to exploitative learning[J]. Organization studies, 2004, 25(9):1601—1621.

[38] Breschi S, Malerba F. The geography of innovation and economic clustering:some introductory notes[J]. Industrial and corporate change, 2001,

10(4):817—833.

[39] Brouwer E, Kleinknecht A. Innovative output, and a firm's propensity to patent. :An exploration of CIS micro data[J]. Research Policy, 1999, 28 (6):615—624.

[40] Brown, S. L. , Eisenhardt, K. M. (1998). Competing on the edge:Strategy as structured chaos. Boston:Harvard Business School Press.

[41] Burgelman R A. Intraorganizational ecology of strategy making and organizational adaptation:Theory and field research[J]. Organization science, 1991, 2(3):239—262.

[42] Burns S, Stalker G M. The organization of innovation[J]. Knowledge Management and Organisational Design, 1996, 1:77—92.

[43] Canas J, Quesada J, Antolí A, et al. Cognitive flexibility and adaptability to environmental changes in dynamic complex problem-solving tasks[J]. Ergonomics, 2003, 46(5):482—501.

[44] Capello R. Spatial transfer of knowledge in high technology milieux:learning versus collective learning processes[J]. Regional studies, 1999, 33 (4):353—365.

[45] Carlile P R. Transferring, translating, and transforming:An integrative framework for managing knowledge across boundaries[J]. Organization science, 2004, 15(5):555—568.

[46] Chattopadhyay P, Glick B, Miller C C, et al. Determinants of executive beliefs:Comparing functional conditioning and social influence[J]. Strategic management journal, 1999, 20:763—789.

[47] Chattopadhyay P, Glick W H, Huber G P. Organizational actions in response to threats and opportunities[J]. Academy of Management Journal, 2001, 44(5):937—955.

[48] Cheng, Y. T. , Van De Ven, A. H. . Learning the innovation journey:Order out of chaos?. Organization Science, 1996, 7:593—614.

[49] Chesbrough H. The logic of open innovation: managing intellectual property[J]. California Management Review, 2003, 45(3):33—58.

[50] Chesbrough H. The market for innovation: implications for corporate strategy[J]. California Management Review, 2007, 49(3):45—66.

[51] Chiang Y H, Hung K P. Exploring open search strategies and perceived innovation performance from the perspective of inter-organizational knowledge flows[J]. R&d Management, 2010, 40(3):292—299.

[52] Cho T S, Hambrick D C. Attention as the mediator between top management team characteristics and strategic change: The case of airline deregulation[J]. Organization Science. 2006, 17(4):453—469.

[53] Christensen C. The innovator's dilemma: when new technologies cause great firms to fail[M]. Harvard Business Review Press, 2013.

[54] Chu P C, Spires E E. Perceptions of accuracy and effort of decision strategies[J]. Organizational Behavior and Human Decision Processes, 2003, 91(2):203—214.

[55] Churchill Jr G A. A paradigm for developing better measures of marketing constructs[J]. Journal of marketing research, 1979:64—73.

[56] Collins J C, Porras J I. Companies need not hire outside CEOs to stimulate fundamental change[J]. Nacd Directorship, 1994.

[57] Crocker J, Fiske S T, Taylor S E. Schematic bases of belief change[M]// Attitudinal judgment. Springer New York, 1984:197—226.

[58] Cohen W M, Levinthal D A. Absorptive capacity: a new perspective on learning and innovation [J]. Administrative science quarterly, 1990: 128—152.

[59] Cyert R M, March J G. A behavioral theory of the firm[J]. Englewood Cliffs, NJ, 1963, 2.

[60] Dahlander L, Gann D M. How open is innovation? [J]. Research policy, 2010, 39(6):699—709.

［61］ Danneels E. Organizational antecedents of second-order competences[J]. Strategic Management Journal, 2008, 29(5):519—543.

［62］ Daft R L, Weick K E. Toward a model of organizations as interpretation systems[J]. Academy of management review, 1984, 9(2):284—295.

［63］ Dosi G, Malerba F, Marsili O, et al. Industrial structures and dynamics: evidence, interpretations and puzzles[J]. Industrial and corporate change, 1997, 6:3—24.

［64］ Drechsler W, Natter M. Understanding a firm's openness decisions in innovation[J]. Journal of Business Research, 2012, 65(3):438—445.

［65］ Duncan R B. The ambidextrous organization: Designing dual structures for innovation[J]. The management of organization, 1976, 1:167—188.

［66］ Dutton J E, Jackson S E. Categorizing strategic issues: Links to organizational action[J]. Academy of management review, 1987, 12(1):76—90.

［67］ Eden C, Ackermann F, Cropper S. The analysis of cause maps[J]. Journal of Management Studies, 1992, 29(3):309—324.

［68］ Eggers J P, Kaplan S. Cognition and renewal: Comparing CEO and organizational effects on incumbent adaptation to technical change[J]. Organization Science, 2009, 20(2):461—477.

［69］ Eisenhardt K M, Martin J A. Dynamic capabilities: what are they? [J]. Strategic management journal, 2000, 21(10—11):1105—1121.

［70］ Eisenhardt K M, Schoonhoven C B. Resource-based view of strategic alliance formation: Strategic and social effects in entrepreneurial firms[J]. organization Science, 1996, 7(2):136—150.

［71］ Ethiraj S K, Zhu D H. Performance effects of imitative entry[J]. Strategic Management Journal, 2008, 29(8):797—817.

［72］ Ettlie J E, Pavlou P A. Technology-Based New Product Development Partnerships[J]. Decision Sciences, 2006, 37(2):117—147.

［73］ Fang C, Lee J, Schilling M. Balancing Exploration and Exploitation through Structural Design: The Isolation of Subgroups and Organizational Learning [J]. Organization Science, 2010, 21(3):625—642.

[74] Fey C F, Birkinshaw J. External sources of knowledge, governance mode, and R&D performance[J]. Journal of Management, 2005, 31(4):597—621.

[75] Fiol C M, O'Connor E J. Waking up! Mindfulness in the face of bandwagons[J]. Academy of management review, 2003, 28(1):54—70.

[76] Fleming L. Recombinant uncertainty in technological search[J]. Management science, 2001, 47(1):117—132.

[77] Floyd S W, Lane P J. Strategizing throughout the organization: Managing role conflict in strategic renewal[J]. Academy of management review, 2000, 25(1):154—177.

[78] Fowler, F. Survey research methods. Newbury Park, California: Sage Publications, Inc, 2009.

[79] Gardner R C. Social psychology and second language learning: The role of attitudes and motivation[M]. Arnold, 1985.

[80] Gavetti G, Levinthal D, Ocasio W. Perspective-Neo-Carnegie: The Carnegie School's Past, Present, and Reconstructing for the Future[J]. Organization Science, 2007, 18(3):523—536.

[81] Gavetti G, Levinthal D. Looking forward and looking backward: Cognitive and experiential search[J]. Administrative science quarterly, 2000, 45(1):113—137.

[82] Georgsdottir A S, Getz I. How flexibility facilitates innovation and ways to manage it in organizations[J]. Creativity and Innovation Management, 2004, 13(3):166—175.

[83] Gersick C J G. Revolutionary change theories: A multilevel exploration of the punctuated equilibrium paradigm[J]. Academy of management review, 1991, 16(1):10—36.

［84］Gilbert, C. G. , Christensen, C. M. . Anomaly-Seeking Research: Thirty Years of Development in Resource Allocation Theory. In Bower, J. L. , Gilbert, C. G. eds. , From Resource Allocation to Strategy. U. K. : Oxford University Press, 2005:71—90.

［85］Gibson C B, Birkinshaw J. The antecedents, consequences, and mediating role of organizational ambidexterity［J］. Academy of management Journal, 2004, 47(2):209—226.

［86］Gilsing V, Nooteboom B. Exploration and exploitation in innovation systems: The case of pharmaceutical biotechnology［J］. Research Policy, 2006, 35(1):1—23.

［87］Ginsberg A, Abrahamson E. Champions of Change and Strategic Shifts: The Role of Internal and External Change Advocates［J］. Journal of Management Studies, 1991, 28(2):173—190.

［88］Grant R M. Toward a knowledge-based theory of the firm［J］. Strategic management journal, 1996, 17(S2):109—122.

［89］Grandori A. An organizational assessment of interfirm coordination modes ［J］. Organization Studies, 1997, 18(6):897—925.

［90］Greve H R. A behavioral theory of R&D expenditures and innovations: Evidence from shipbuilding［J］. Academy of Management Journal, 2003, 46(6):685—702.

［91］Grimpe C, Sofka W. Search patterns and absorptive capacity: Low-and high-technology sectors in European countries ［J］. Research Policy, 2009, 38(3):495—506.

［92］Gruenfeld D H, Thomas-Hunt M C, Kim P H. Cognitive flexibility, communication strategy, and integrative complexity in groups: Public versus private reactions to majority and minority status［J］. Journal of Experimental Social Psychology, 1998, 34(2):202—226.

［93］Gulati R, Gargiulo M. Where do inter-organizational networks come from? 1[J]. American journal of sociology, 1999, 104(5):1439—1493.

[94] Gulati R, Lawrence P. Organizing vertical networks: A design perspective [C]//SMJ Special Issue Conference, Northwestern University. 1999.

[95] Gupta A K, Shalley C E. The Interplay Between Exploration and Exploitation [J]. Academy of Management Journal, 2006, 49(4):693—706.

[96] Gupta A K, Smith K G, Shalley C E. The interplay between exploration and exploitation[J]. Academy of management journal, 2006, 49（4）: 693—706.

[97] Hagedoorn J. Inter-organizational modes of cooperation [J]. Strategic management journal, 1993, 14:371—385.

[98] Hagedoorn J, Cloodt M. Measuring innovative performance: is there an advantage in using multiple indicators? [J]. Research policy, 2003, 32 (8):1365—1379.

[99] Hall B H, Griliches Z, Hausman J A. Patents and R&D: Is there a lag? [R]. National Bureau of Economic Research, 1984.

[100] Hambrick D C, Mason P A. Upper echelons: the organization as a reflection of its top managers[J] Academy of Management Review, 1984, 9 (2):193—206.

[101] Hannan, M., Freeman, J. (1984). Structural inertia and organizational change. American Sociological Review, 49:149—164.

[102] Harabi N. Channels of R&D spillovers: An empirical investigation of Swiss firms[J]. Technovation, 1997, 17(11):627—635.

[103] Hargadon A B, Bechky B A. When collections of creatives become creative collectives: A field study of problem solving at work[J]. Organization Science, 2006, 17(4):484—500.

[104] Heath C, Tversky A. Preference and belief: Ambiguity and competence in choice under uncertainty[J]. Journal of risk and uncertainty, 1991, 4 (1):5—28.

[105] Hendry C, Arthur M B, Jones A M. Strategy through people: adaptation and learning in the small-medium enterprise[M]. Routledge, 1995.

[106] Henderson R M, Clark K B. Architectural innovation: The reconfiguration of existing product technologies and the failure of established firms [J]. Administrative science quarterly, 1990:9—30.

[107] Helfat C E. Evolutionary trajectories in petroleum firm R&D[J]. Management Science, 1994, 40(12):1720—1747.

[108] Helfat C E, Finkelstein S, Mitchell W, et al. Dynamic capabilities: Understanding strategic change in organizations[M]. John Wiley & Sons, 2009.

[109] Helfat C E, Peteraf M A. The dynamic resource-based view: capability lifecycles[J]. Strategic management journal, 2003, 24(10):997—1010.

[110] He Z L, Wong P K. Exploration vs. Exploitation: An Empirical Test of the Ambidexterity Hypothesis[J]. Organization Science, 2004, 15(4): 481—494.

[111] Hodgkinson G P, Healey M P. Cognition in organizations[J]. Annu. Rev. Psychol. , 2008, 59:387—417.

[112] Hoffman A J, Ocasio W. Not all events are attended equally: Toward a middle-range theory of industry attention to external events[J]. Organization science, 2001, 12(4):414—434.

[113] Holmen E, Pedersen A C. Strategizing through analyzing and influencing the network horizon[J]. Industrial Marketing Management, 2003, 32 (5):409—418.

[114] Howe J D, McFetridge D G. The determinants of R & D expenditures [J]. Canadian Journal of Economics, 1976:57—71.

[115] Huber G P. Organizational learning: The contributing processes and the literatures[J]. Organization science, 1991, 2(1):88—115.

[116] Huff A S, Schwenk C. Bias and sensemaking in good times and bad[J].

Mapping strategic thought，1990，89：108.

[117] Inkpen A C，Tsang E W K. Social capital，networks，and knowledge transfer[J]. Academy of management review，2005，30(1)：146—165.

[118] Jansen，George，et al. ，Senior Team attributes and Organization ambidexterity：The moderating role of transformational leadership[J]. Journal of Management Studies Journal of Management Studies，2008(7)：982—1107.

[119] Jansen J J P，Van Den Bosch F A J，Volberda H W. Managing potential and realized absorptive capacity：how do organizational antecedents matter? [J]. Academy of Management Journal，2005，48(6)：999—1015.

[120] Jaworski B J，Kohli A K. Market orientation：antecedents and consequences[J]. The Journal of marketing，1993：53—70.

[121] Johnson-Laird P N. Mental models：Towards a cognitive science of language，inference，and consciousness[M]. Harvard University Press，1983.

[122] Jordan J，Lowe J，Taylor P. Strategy and financial policy in UK small firms[J]. Journal of Business Finance & Accounting，1998，25(1—2)：1—27.

[123] Kang K H，Kang J. Do External Knowledge Sourcing Modes Matter for Service Innovation? Empirical Evidence from South Korean Service Firms [J]. Journal of Product Innovation Management，2014，31(31)：176—191.

[124] Kaplan D. Structural equation modeling：Foundations and extensions [M]. Sage Publications，2008.

[125] Kaplan R S，Norton D P. Mastering the management system[J]. Harvard business review，2008，86(1)：62.

[126] Katila R，Ahuja G. Something old，something new：A longitudinal study of search behavior and new product introduction[J]. Academy of man-

agement journal, 2002, 45(6):1183—1194.

[127] Katrak, H. The private use of publicly funded industrial technologies in developing countries: empirical tests for an industrial research institute in India. World Development, 1997, 25(9), 1541—1550.

[128] Katz R, Allen T J. Investigating the Not Invented Here (NIH) syndrome: A look at the performance, tenure, and communication patterns of 50 R & D Project Groups[J]. R&D Management, 1982, 12(1):7—20.

[129] KazanjianR K, Hess E G, Drazin R. The search for organic growth [J]. 2006.

[130] Keizer J A, Halman J I M. Diagnosing Risk in Radical Innovation Projects: Both Ambiguous and Unambiguous Risks Have Been Identified from Case Studies. Here's What You Can Do about Them[J]. Research-Technology Management, 2007, 50(5):30—36.

[131] Kessler E H, Bierly III P E. Is faster really better? An empirical test of the implications of innovation speed[J]. Engineering Management, IEEE Transactions on, 2002, 49(1):2—12.

[132] Keupp M M, Gassmann O. The past and the future of international entrepreneurship: a review and suggestions for developing the field[J]. Journal of Management, 2009.

[133] King A A, Tucci C L. Incumbent entry into new market niches: The role of experience and managerial choice in the creation of dynamic capabilities [J]. Management science, 2002, 48(2):171—186.

[134] King W R, Lekse W J. Deriving managerial benefit from knowledge search: A paradigm shift? [J]. Information & management, 2006, 43 (7):874—883.

[135] Knoke D, Kuklinski H K. Network Analysis: Basic Concepts in Markets Hierarchies and Networks: The Co-ordination of Social Life[J]. 1991.

[136] Kogut B. Joint ventures: Theoretical and empirical perspectives [J]. Strategic management journal, 1988, 9(4):319—332.

[137] Kogut B, Zander U. Knowledge of the firm and the evolutionary theory of the multinational corporation[J]. Journal of international business studies, 1993:625—645.

[138] Krueger N, Dickson P R. How believing in ourselves increases risk taking: Perceived self-efficacy and opportunity recognition[J]. Decision Sciences, 1994, 25(3):385—400.

[139] Krueger N F, Reilly M D, Carsrud A L. Competing models of entrepreneurial intentions[J]. Journal of business venturing, 2000, 15(5):411—432.

[140] Lant T K, Mezias S J. An organizational learning model of convergence and reorientation[J]. Organization science, 1992, 3(1):47—71.

[141] Laursen, K, and Salter, A. Open for innovation: The role of openness in explaining innovation performance among U K manufacturing firms[J]. Strategic Management Journal, 2006, 27(2):131—150.

[142] Lavie D, Stettner U, Tushman M L. Exploration and exploitation within and across organizations [J]. The Academy of Management Annals, 2010, 4(1):109—155.

[143] Lee, C., Lee, K., Pennings, J. M. Internal capabilities, external networks, and performance: A study on technology-based ventures [J]. Strategic Management, 2001, 615—640.

[144] Leiponen A, Helfat C E. Innovation objectives, knowledge sources, and the benefits of breadth[J]. Strategic Management Journal, 2010, 31(2):224—236.

[145] Leonard-Barton D. Core capabilities and core rigidities: A paradox in managing new product development[J]. Strategic Management Journal, 1992,13(S1):111—125.

［146］Lewin A Y, Volberda H W. Prolegomena on coevolution: A framework for research on strategy and new organizational forms[J]. Organization science, 1999, 10(5):519—534.

［147］Levinthal D, March J G. A model of adaptive organizational search[J]. Journal of Economic Behavior & Organization, 1981, 2(4):307—333.

［148］Levinthal D A, March J G. The myopia of learning[J]. Strategic management journal, 1993, 14(S2):95—112.

［149］Levinthal D, Rerup C. Crossing an apparent chasm: Bridging mindful and less-mindful perspectives on organizational learning[J]. Organization Science, 2006, 17(4):502—513.

［150］Levy O. The influence of top management team attention patterns on global strategic posture of firms[J]. Journal of Organizational Behavior. 2005, 26(7):797—819.

［151］Lichtenthaler U. Absorptive capacity, environmental turbulence, and the complementarity of organizational learning processes[J]. Academy of Management Journal, 2009, 52(4):822—846.

［152］Lin Z, Yang H, Demirkan I. The performance consequences of ambidexterity in strategic alliance formations: Empirical investigation and computational theorizing[J]. Management science, 2007, 53(10): 1645—1658.

［153］Lippman S A, Rumelt R P. Uncertain imitability: An analysis of interfirm differences in efficiency under competition[J]. The Bell Journal of Economics, 1982:418—438.

［154］Lowe J, Taylor P. R&D and technology purchase through licence agreements: complementary strategies and complementary assets[J]. R&D Management, 1998, 28(4):263—278.

［155］Madhavaram S, Badrinarayanan V, Granot E. Approaching global industrial marketing from a managerial cognition perspective: a theoretical framework[J]. Journal of Business & Industrial Marketing, 2011, 26 (7):532—541.

[156] Madsen P M, Desai V. Failing to learn? The effects of failure and success on organizational learning in the global orbital launch vehicle industry [J]. Academy of Management Journal, 2010, 53(3):451—476.

[157] Manral L. Managerial cognition as bases of innovation in organization [J]. Management Research Review, 2011, 34(5):576—594.

[158] March J G. Exploration and exploitation in organizational learning[J]. Organization science, 1991, 2(1):71—87.

[159] March J G, Shapira Z. Managerial perspectives on risk and risk taking [J]. Management science, 1987, 33(11):1404—1418.

[160] Martin M M, Rubin R B. A new measure of cognitive flexibility[J]. Psychological reports, 1995, 76(2):623—626.

[161] McEvily B, Marcus A. Embedded ties and the acquisition of competitive capabilities[J]. Strategic management journal, 2005, 26(11):1033—1055.

[162] McGrath R G. Exploratory learning, innovative capacity, and managerial oversight[J]. Academy of Management Journal, 2001, 44(1):118—131.

[163] Mention A L. Co-operation and co-opetition as open innovation practices in the service sector:which influence on innovation novelty? [J]. Technovation, 2011, 31(1):44—53.

[164] Meyer A D. Adapting to environmental jolts[J]. Administrative science quarterly, 1982:515—537.

[165] Michael Gibber M L, Gilbert Probst. Five Styles of Customer Knowledge Management, and How Smart Companies Use Them To Create Value [J]. European Management Journal 2002, 20(5):459—69.

[166] Mintzberg H, Ahlstrand B W, Lampel J. Strategy Safari:the Complete

Guide Trough the Wilds of Strategic Management. London[J]. Financial Times Prentice Hall, 1998: 392.

[167] Mitchell, R. K. , Busenitz, L. , Lant, T. , McDougall, P. P. , Morse, E. A. , Smith, J. B. Toward a theory of entrepreneurial cognition: Rethinking the people side of entrepreneurship research[J]. Entrepreneurship Theory and Practice, 2002, 27(2): 93—104.

[168] Moorman C, Miner A S. The impact of organizational memory on new product performance and creativity[J]. Journal of marketing research, 1997: 91—106.

[169] Mosakowski E. Strategy making under causal ambiguity: Conceptual issues and empirical evidence[J]. Organization Science, 1997, 8(4): 414—442.

[170] Mullins J W, Walker Jr O C. Competency, prior performance, opportunity framing, and competitive response: Exploring some behavioral decision theory perspectives[J]. Marketing Letters, 1996, 7(2): 147—162.

[171] Nadkarni S, Barr P S. Environmental context, managerial cognition, and strategic action: an integrated view[J]. Strategic Management Journal, 2008, 29(13): 1395—1427.

[172] Nadkarni S, Narayanan V K. Strategic schemas, strategic flexibility, and firm performance: the moderating role of industry clockspeed[J]. Strategic management journal, 2007, 28(3): 243—270.

[173] Nadkarni S, Perez P D. Prior conditions and early international commitment: The mediating role of domestic mindset[J]. Journal of International Business Studies, 2007, 38(1): 160—176.

[174] Nelson R R, Winter S G. The Schumpeterian tradeoff revisited[J]. The American Economic Review, 1982: 114—132.

[175] Nieto M J, Santamaría L. The importance of diverse collaborative networks for the novelty of product innovation[J]. Technovation, 2007, 27

(6):367—377.

[176] Nohria N, Gulati R. Is slack good or bad for innovation? [J]. Academy of management Journal, 1996, 39(5):1245—1264.

[177] Nooteboom B. Innovation, learning and cluster dynamics[J]. Clusters and Regional Development, 2006:137—163.

[178] Nooteboom B. Inter-firm collaboration, learning and networks: an integrated approach[M]. Psychology Press, 2004.

[179] Nutt, P. C. Flexible decision styles and the choices of top excutives[J]. Journal of Management Studies, 1993(5):695—721

[180] Ocasio W. Attention to attention[J]. Organization Science, 2011, 22 (5):1286—1296.

[181] Ocasio W. TOWARDS AN ATTENTION-BASED VIEW OF THE FIRM WILLIAM OCASIO[J]. Psychology, 1997(1):403—404.

[182] O Reilly C A, Tushman M L. The ambidextrous organization[J]. Harvard business review, 2004, 82(4):74—83.

[183] Patel P, Pavitt K. The technological competencies of the world's largest firms:complex and path-dependent, but not much variety[J]. Research policy, 1997, 26(2):141—156.

[184] Pandza K, Thorpe R. Creative search and strategic sense-making:missing dimensions in the concept of dynamic capabilities[J]. British Journal of Management, 2009, 20(s1):S118—S131.

[185] Penrose E T. The theory of the growth of the firm, 1959[J]. Cambridge, MA, 1995.

[186] Pettigrew A M. Context and action in the transformation of the firm[J]. Journal of management studies, 1987, 24(6):649—670.

[187] Plambeck N. The development of new products:The role of firm context and managerial cognition[J]. Journal of Business Venturing, 2012, 27 (6):607—621.

[188] Podolny J M, Stuart T E, Hannan M T. Networks, knowledge, and niches: Competition in the worldwide semiconductor industry, 1984—1991[J]. American journal of sociology, 1996:659—689.

[189] Poot T, Faems D, Vanhaverbeke W. Toward a dynamic perspective on open innovation: A longitudinal assessment of the adoption of internal and external innovation strategies in the Netherlands[J]. International Journal of Innovation Management, 2009, 13(02):177—200.

[190] Postrel S. Islands of shared knowledge: Specialization and mutual understanding in problem-solving teams[J]. Organization Science, 2002, 13(3):303—320.

[191] Powell W W, Koput K W, Smith-Doerr L. Interorganizational collaboration and the locus of innovation: Networks of learning in biotechnology [J]. Administrative science quarterly, 1996:116—145.

[192] Prahalad C K, Bettis R A. The dominant logic: A new linkage between diversity and performance[J]. Strategic Management Journal, 1986, 7(6):485—501.

[193] Prahalad C K, Hamel G. Strategy as a field of study: Why search for a new paradigm? [J]. Strategic management journal, 1994, 15(S2):5—16.

[194] Pyka A. Informal networking[J]. Technovation, 1997, 17(96):207—220, 224.

[195] Quinn J B. Managing innovation: controlled chaos[J]. Harvard business review, 1985, 63(3):73—84.

[196] Quintas P, Lefrere P, Jones G. Knowledge management: a strategic agenda[J]. Long range planning, 1997, 30(3):385—391.

[197] Radner R, Rothschild M. On the allocation of effort[J]. Journal of Economic Theory, 1975, 10(3):358—376.

[198] Rajagopalan N, Spreitzer G M. Toward a theory of strategic change: A

multi-lens perspective and integrative framework[J]. Academy of management review, 1997, 22(1):48—79.

[199] Raisch S, Birkinshaw J, Probst G, et al. Organizational ambidexterity: Balancing exploitation and exploration for sustained performance[J]. Organization Science, 2009, 20(4):685—695.

[200] Redding S. Path Dependence, Endogenous Innovation, and Growth[J]. International Economic Review, 2002, 43(4):1215—1248.

[201] Reed R, DeFillippi R J. Causal ambiguity, barriers to imitation, and sustainable competitive advantage[J]. Academy of management review, 1990, 15(1):88—102.

[202] Reger R K, Palmer T B. Managerial categorization of competitors: Using old maps to navigate new environments[J]. Organization Science, 1996, 7(1):22—39.

[203] Rigby D, Zook C. Open-market innovation[J]. Harvard business review, 2002, 80(10):80—93.

[204] Rivkin J W, Siggelkow N. Patterned interactions in complex systems: Implications for exploration[J]. Management Science, 2007, 53(7): 1068—1085.

[205] Rodan S, Galunic D C. More than network structure: how knowledge heterogeneity influences managerial performance and innovativeness[J]. Strategic Management Journal, 2004(25):541—556.

[206] Rodenbach M, Brettel M. CEO experience as micro-level origin of dynamic capabilities[J]. Management Decision, 2012, 50(4):611—634.

[207] Rosenberg N. Inside the black box: technology and economics[M]. Cambridge University Press, 1982.

[208] Rosenkopf L, Nerkar A. Beyond local search: Boundary-spanning, exploration, and impact in the optical disk industry[J]. Strategic Management Journal, 2001, 22(4):287—306.

[209] Rosner M M. Administrative controls and innovation[J]. Behavioral Science, 1968, 13(1):36—43.

[210] Rothaermel F T, Alexandre M T. Ambidexterity in technology sourcing: The moderating role of absorptive capacity[J]. Organization science, 2009, 20(4):759—780.

[211] Rothaermel F T, Deeds D L. Exploration and exploitation alliances in biotechnology:a system of new product development[J]. Strategic management journal, 2004, 25(3):201—221.

[212] Rothaermel F T. Incumbent's advantage through exploiting complementary assets via interfirm cooperation[J]. Strategic Management Journal, 2001, 22(6—7):687—699.

[213] Sanchez R, Mahoney J T. Modularity, flexibility, and knowledge management in product and organization design[J]. Strategic management journal, 1996, 17(S2):63—76.

[214] Schneider S C, Angelmar R. Cognition in organizational analysis:who's minding the store? [J]. Organization Studies, 1993, 14(3):347—374.

[215] Schrader S. Informal technology transfer between firms:Cooperation through information trading[J]. Research policy, 1991, 20(2):153—170.

[216] Sharma S. Managerial interpretations and organizational context as predictors of corporate choice of environmental strategy[J]. Academy of Management journal, 2000, 43(4):681—697.

[217] Schoenmakers W, Duysters G. The technological origins of radical inventions[J]. Research Policy, 2010, 39(8):1051—1059.

[218] Schumpeter J. Creative destruction[J]. Capitalism, socialism and democracy, 1942.

[219] Schwenk C R. Cognitive simplification processes in strategic decision-making[J]. Strategic management journal, 1984, 5(2):111—128.

[220] Shapiro C, Varian H R. Versioning: the smart way to[J]. Harvard Business Review, 1998, 107(6):107.

[221] Sidhu J S, Commandeur H R, Volberda H W. The multifaceted nature of exploration and exploitation: Value of supply, demand, and spatial search for innovation[J]. Organization Science, 2007, 18(1):20—38.

[222] Siggelkow N, Rivkin J W. Speed and search: Designing organizations for turbulence and complexity [J]. Organization Science, 2005, 16 (2): 101—122.

[223] Simon H A. Bounded rationality and organizational learning[J]. Organization science, 1991, 2(1):125—134.

[224] Sirmon D G, Hitt M A, Ireland R D. Managing firm resources in dynamic environments to create value: Looking inside the black box[J]. Academy of management review, 2007, 32(1):273—292.

[225] Slater S F, Narver J C. Does competitive environment moderate the market orientation-performance relationship? [J]. The Journal of Marketing, 1994:46—55.

[226] Spender J C. Making knowledge the basis of a dynamic theory of the firm [J]. Strategic management journal, 1996, 17:45—62.

[227] Stinchcombe A L, March J G. Social structure and organizations[J]. Advances in strategic management, 1965, 17:229—259.

[226] Stuart T E, Podolny J M. Local search and the evolution of technological capabilities[J]. Strategic Management Journal, 1996, 17(S1):21—38.

[227] Stubbart C I. Managerial cognition: a missing link in strategic management research[J]. Journal of Management Studies, 1989, 26(4):325—347.

[228] Subramaniam M, Youndt M A. The influence of intellectual capital on the types of innovative capabilities[J]. Academy of Management Journal, 2005, 48(3):450—463.

[229] Szulanski G, Jensen R J. Presumptive adaptation and the effectiveness of knowledge transfer[J]. Strategic Management Journal, 2006, 27(10): 937—957.

[230] Takeuchi H, Nonaka I. Knowledge creation and dialectics[J]. Hitosubashi on Knowledge Management, 2004: 1—29.

[231] Tanriverdi H, Venkatraman N. Knowledge relatedness and the performance of multi-business firms[J]. Strategic Management Journal, 2005, 26(2): 97.

[232] Teece D J, Pisano G, Shuen A. Dynamic capabilities and strategic management[J]. Strategic management journal, 1997, 18(7): 509—533.

[233] Teece D J. Profiting from technological innovation: Implications for integration, collaboration, licensing and public policy[J]. Research policy, 1986, 15(6): 285—305.

[234] Teece D J. Technology transfer by multinational firms: The resource cost of transferring technological know-how[J]. Economic journal, 1977, 87 (346): 242—261.

[235] Tidd J, Pavitt K, Bessant J. Managing innovation[M]. Chichester: Wiley, 2001.

[236] Tripsas M, Gavetti G. Capabilities, cognition, and inertia: Evidence from digital imaging[J]. Strategic management journal, 2000, 21(10—11): 1147—1161.

[237] Tsai W. Knowledge transfer in intraorganizational networks: Effects of network position and absorptive capacity on business unit innovation and performance[J]. Academy of management journal, 2001, 44(5): 996—1004.

[238] Tsoukas H, Vladimirou E. 'What is organizational knowledge? [J]. Managing Knowledge: An Essential Reader, 2005: 85.

[239] Tushman M. , Anderson P. Technological discontinuities and organiza-

tional environments. Administrative Science Quarterly, 1986, 31(5):
439—465.

[240] Tushman M L, O'Reilly III C A. Managing evolutionary and revolutiona-
ry change[J]. California Management Review, 1996, 38(4):8—28.

[241] Tushman M, Smith W K, Wood R C, et al. Organizational designs and
innovation streams[J]. Industrial and Corporate Change, 2010, 19(5):
1331—1366.

[242] Tushman M L, Virany B, Romanelli E. Executive succession, strategic
reorientations, and organization evolution: The minicomputer industry as
a case in point[J]. Technology in Society, 1985, 7(2):297—313.

[243] Urban G L, Von Hippel E. Lead user analyses for the development of
new industrial products[J]. Management science, 1988, 34(5):569—
582.

[244] Van de Vrande V. Balancing your technology-sourcing portfolio: How
sourcing mode diversity enhances innovative performance[J]. Strategic
Management Journal, 2013, 34(5):610—621.

[245] van de Vrande V, de Man A P. A response to"Is open innovation a field of
study or a communication barrier to theory development?"[J]. Techno-
vation, 2011, 31(4):185—186.

[246] Voss G B, Sirdeshmukh D, Voss Z G. The Effects of Slack Resources
and Environmentalthreat on Product Exploration and Exploitation[J].
Academy of Management Journal, 2008, 51(1):147—164.

[247] Wadhwa A, Kotha S. Knowledge creation through external venturing:
Evidence from the telecommunications equipment manufacturing industry
[J]. Academy of Management Journal, 2006, 49(4):819—835.

[248] Walsh J P. Managerial and organizational cognition: Notes from a trip
down memory lane[J]. Organization science, 1995, 6(3):280—321.

[249] Webb J, Dawson P. Measure for measure for measure: strategic change in

an electronic instrument corporation [J]. Journal of Management Studies, 1991, 28(2):191—192.

[250] Weber R P, Namenwirth J Z. Content-analytic culture indicators: A self-critique[J]. From information to knowledge: Conceptual and content analysis by computer, 1995:81—90.

[251] Weick K E. Sensemaking in organizations. 1995[J]. time, but it will amount to far less than the time you'll devote to damage control after a miscommunication has dealt its blow. That's what I have to say. Make sense, 1995:110.

[252] Wernerfelt B. A resource-based view of the firm[J]. Strategic management journal, 1984, 5(2):171—180.

[253] White J C, Varadarajan P R, Dacin P A. Market situation interpretation and response: the role of cognitive style, organizational culture, and information use[J]. Journal of Marketing, 2003, 67(3):63—79.

[254] White S, Linden G. Organizational and industrial response to market liberalization: the interaction of pace, incentive and capacity to change[J]. Organization Studies, 2002, 23(6):917—948.

[255] Williason O E. The economic intstitutions of capitalism[M]. Simon and Schuster, 1985.

[256] Winter, S. The research Program of the behavioral of the firm: orthodox critique and evolution perspective. Handbook of Behavioral Economies Behavioral microeconomics, 1986:151—188.

[257] Worren N, Moore K, Cardona P. Modularity, strategic flexibility, and firm performance: a study of the home appliance industry[J]. Strategic management journal, 2002, 23(12):1123—1140.

[258] Wu J, Shanley M T. Knowledge stock, exploration, and innovation: Research on the United States electromedical device industry[J]. Journal of business research, 2009, 62(4):474—483.

[259] Yadav M S, Prabhu J C, Chandy R K. Managing the future: CEO attention and innovation outcomes[J]. Journal of Marketing, 2007, 71(4): 84—101.

[260] Yayavaram S, Auja G. Structure of a firm's knowledge base and the effectiveness of technological search[C]//DRUID Summer Conference. 2005.

[261] Yalcinkaya G, Calantone R J, Griffith D A. An examination of exploration and exploitation capabilities: Implications for product innovation and market performance[J]. Journal of International Marketing, 2007, 15 (4):63—93.

[262] Zahra S A, George G. Absorptive capacity: A review, reconceptualization, and extension[J]. Academy of management review, 2002, 27(2): 185—203.

[263] Zollo M, Winter S G. Deliberate learning and the evolution of dynamic capabilities[J]. Organization science, 2002, 13(3):339—351.

[264] 蔡宁,闫春. 开放式创新绩效的测度:理论模型与实证检验[J]. 科学学研究,2013,31(3):469—480.

[265] 陈建勋. 组织学习的前因后果研究:基于二元视角[J]. 科研管理,2011, 32(6):140—149.

[266] 陈守明,唐滨琪. 高管认知与企业创新投入——管理自由度的调节作用 [J]. 科学学研究,2012(11):1723—1734.

[267] 陈晓萍. 组织与管理研究的实证方法[M]. 北京大学出版社,2012.

[268] 陈钰芬,陈劲. 开放度对企业技术创新绩效的影响[J]. 科学学研究, 2008,26(2):419—426.

[269] 戴汝为. 组织管理的途径与复杂性探讨[J]. 科学,1998,(6):8—12.

[270] 邓少军. 高层管理者认知与企业动态能力演化——基于中国企业转型升级背景的实证研究[D]. 复旦大学博士学位论文,2010.

[271] 邓少军,芮明杰. 高层管理者认知与企业双元能力构建——基于浙江金

信公司战略转型的案例研究[J].中国工业经济,2013(11):135—147.

[272] 郭京京.产业集群中技术学习策略对企业创新绩效的影响机制研究:技术学习惯例的中介效应[D].浙江大学博士学位论文,2011.

[273] 何郁冰,陈劲.开放式创新促进创新绩效的学习机制研究[C]// 第六届中国科技政策与管理学术年会论文集.2010.

[274] 胡辰光.高管团队认知柔性条件下企业双元性创新的影响机制研究[D].浙江大学硕士学位论文,2014.

[275] 李剑力.探索性创新、开发性创新与企业绩效关系研究[M].经济管理出版社,2010.

[276] 李剑力.探索性创新、开发性创新与企业绩效关系研究——基于冗余资源调节效应的实证分析[J].科学学研究,2009,27(9):1418—1427.

[277] 李剑力.探索性创新、开发性创新与企业绩效的关系——基于组织结构特性调节效应的实证分析[J].技术经济,2011,30(02):23—30.

[278] 李忆,司有和.探索式创新、利用式创新与绩效:战略和环境的影响[J].南开管理评论,2008,11(05):4—12.

[279] 凌鸿,赵付春,邓少军.双元性理论和概念的批判性回顾与未来研究展望[J].外国经济与管理,2010,32(7):132—136.

[280] 刘雪锋.网络嵌入性与差异化战略及企业绩效关系研究[D].浙江大学博士学位论文,2007.

[281] 罗珉.组织理论认知观评介[J].外国经济与管理,2008,30(12):18—25.

[282] 马骏,席酉民,曾宪聚.战略的选择:管理认知与经验搜索[J].科学学与科学技术管理,2007,(11):114—119.

[283] 彭新敏.企业网络对技术创新绩效的作用机制研究:利用性—探索性学习的中介效应[D].浙江大学博士学位论文,2009.

[284] 彭新敏,吴晓波,吴东.基于二次创新动态过程的企业网络与组织学习平衡模式演化——海天1971—2010年纵向案例研究[J].管理世界,2011(4):138—149.

[285] 尚航标,李卫宁,蓝海林. 如何突破认知凝滞？管理认知变革的理论综述[J]. 科学学与科学技术管理,2013(8):25—33.

[286] 尚航标,黄培伦. 管理认知与动态环境下企业竞争优势:万和集团案例研究[J]. 南开管理评论,2010,13(3):70—79.

[287] 王建,胡珑瑛,马涛. 联盟网络中企业创新平衡模式选择的影响研究——基于网络结构的视角[J]. 科学学研究,2014,32(2):305—313.

[288] 吴晓波,彭新敏,丁树全. 我国企业外部知识源搜索策略的影响因素[J]. 科学学研究,2008,26(2):364—372.

[289] 肖丁丁. 跨界搜寻对组织双元能力影响的实证研究[D]. 华南理工大学博士学位论文,2013.

[290] 许冠南. 关系嵌入性对技术创新绩效的影响研究——基于探索型学习的中介机制[D]. 浙江大学博士学位论文,2008.

[291] 许庆瑞. 全面创新管理[M]. 科学出版社,2007.

[292] 杨林. 企业家认知、组织知识结构与企业战略变革的关系[J]. 科技进步与对策,2010,27(16):67—71.

[293] 应洪斌. 产业集群中关系嵌入性对企业创新绩效的影响机制研究:基于关系内容的视角[D]. 浙江大学博士学位论文,2010.

[294] 于海波,郑晓明,方俐洛,等. 如何领导组织学习:家长式领导与组织学习的关系[J]. 科研管理,2008,29(5):180—186.

[295] 袁健红,龚天宇. 企业知识搜寻前因和结果研究现状探析与整合框架构建[J]. 外国经济与管理,2011(0):27—33.

[296] 张文慧,张志学,刘雪峰. 决策者的认知特征对决策过程及企业战略选择的影响[J]. 心理学报,2005,37(3):373—381.

[297] 张耀辉. 技术创新与产业组织演变[M]. 经济管理出版社,2004.

[298] 张振刚,李云健,余传鹏. 利用式学习与探索式学习的平衡及互补效应研究[J]. 科学学与科学技术管理,2014,35(8):162—171.

[299] 郑素丽. 组织间资源对企业创新绩效的作用机制研究[D]. 浙江大学博士学位论文,2008.

[300] 周晓东. 基于企业高管认知的企业战略变革研究[D]. 浙江大学博士学位论文,2006.

[301] 周玉泉,李垣. 合作学习、组织柔性与创新方式选择的关系研究[J]. 科研管理,2006,27(2):9—14.

[302] 朱朝晖. 基于开放式创新的技术学习协同与机理研究[D]. 浙江大学博士学位论文,2007.

[303] 朱朝晖,陈劲. 探索性学习和挖掘性学习的协同与动态:实证研究[J]. 科研管理,2008,29(6):1—9.

[304] 朱朝晖,陈劲. 探索性学习与挖掘性学习及其平衡研究[J]. 外国经济与管理,2007,29(10):54—58.

[305] 易法敏. 核心能力导向的企业知识转移与创新研究[M]. 中国经济出版社,2006.

[306] 于海波,郑晓明,方俐洛,等. 如何领导组织学习:变革型领导与组织学习的关系[J]. 科学学与科学技术管理,2008,29(3):183—188.

附录 1　调查问卷

尊敬的先生/女士：

　　首先感谢您在百忙之中协助完成本问卷的填写！

　　本书旨在通过对管理者认知柔性以及创新活动中的外部知识源的使用对企业创新绩效的影响机制的探索，为企业创新实践提供一定的参考。同时，在创新实践过程中必然会促进或抑制企业探索能力或者利用能力的培育，影响企业双元能力的构建。企业双元能力的构建能够帮助企业缓解资源的竞争性矛盾，帮助企业提升有效搜寻、获取及利用创新资源的能力，促进企业创新活动的成功率，有益于企业竞争优势的培育及企业创新绩效的提升。

　　本次调查采用匿名方式，调研内容仅供纯学术研究使用，所获得信息绝不外泄，也不会用于任何商业用途。我们承诺，您所提供的任何信息我们都将严格保密。请您放心填写。如果您在填写问卷时遇到任何问题，敬请与我们联系。

　　衷心感谢您的热心协助！祝您工作顺利！谢谢！

西南财经大学企业管理研究所

2015 年 7 月

填写说明

1. 问卷题项设置大多为选择题。每个问题都有七个选项，从 1 分到 7 分别代表非常不赞同、不赞同、有些不赞同、中立、有些赞同、赞同、非常赞同。各题项并不存在标准答案，也不存在对错之分，请您根据企业实际情况进行作答。

2. 纸质问卷的作答，直接在相应的选项上勾选；电子问卷的作答，请将选择改为与黑色有显著差异的其他颜色。

3. 请务必完整作答。

4. 如您对这次问卷调查内容有任何问题或建议，请与西南财经大学工商管理学院博士研究生郭尉联系。地址：四川成都市温江区柳台大道 555 号西南财经大学致知园 A 座 312 室；电话：18384135671；邮箱：becky711@126.com。

5. 该问卷由对企业创新实践的最终决策者进行填写。若您需要本次调研的汇总报告，请留下联系方式：

地址：＿＿＿＿＿＿＿＿＿＿＿＿＿＿＿＿＿＿＿＿＿＿＿

Email：＿＿＿＿＿＿＿＿＿＿＿＿＿＿＿＿＿＿＿＿＿＿＿

第一部分　公司的基本信息

（控制变量：企业规模、企业成立年限以及行业类型）

1. 贵公司名称：＿＿＿＿＿＿＿＿＿＿＿＿＿＿＿＿＿＿＿

2. 贵公司成立年限：

(A) 3—6 年　　　(B) 6—10 年　　　(C) 10 年以上

3. 贵公司目前的员工总数：

(A) 300 人以下　　(B) 301—2000 人　　(C) 2000 人以上

4. 贵公司所在行业（对企业所属行业类型进行虚拟变量设置，将电子及通讯设备制造企业、医药制造企业归类于高新技术行业企业，高新技术行业企业的赋值为 1，将化工企业、机械制造企业以及纺织企业等其他行业制造企业归类于传统行业企业，传统行业企业的赋值为 0）：

（A）电子与通讯设备制造业

（B）医药制造业

（C）化工业

（D）纺织业

（E）机械制造业

（F）其他行业（请注明）

第二部分　调研者信息

1. 您在现在的职位：

（A）董事长　　　　　　　（B）总经理

（C）中/高层管理人员　　　（D）其他（请注明）

2. 您的任职时间：

（A）1—5 年　　　　　　（B）6—10 年

（C）10—20 年　　　　　（D）20 年以上

3. 您的受教育程度（可双选）：

（A）高中或中专　　　　　（B）大学专科

（C）大学本科　　　　　　（D）硕士研究生

（E）博士研究生　　　　　（F）海外留学经历

第三部分　对于下列观点,请根据您内心
真实的看法选择最适合的选项,并做出标记

	非常不赞同	不赞同	有些不赞同	中立	有些赞同	赞同	非常赞同
1 本人更加倾向于关注与企业所提供产品或服务有关的信息							
2 本人更加倾向于关注企业现有产品或服务所处市场发展方向							
3 本人更加倾向于对与企业所拥有的产品或技术高度相关的专业知识的积累							

	非常不赞同	不赞同	有些不赞同	中立	有些赞同	赞同	非常赞同
1 本人更加倾向于以多种不同方式表达一个想法							
2 本人拥有多种不同的专业背景或职业经历							
3 本人更加倾向于思考多种不同的应对方法以应对所面临的问题							

	非常不赞同	不赞同	有些不赞同	中立	有些赞同	赞同	非常赞同
1 与行业内其他企业员工进行频繁接触与交流							
2 与行业外其他企业员工进行频繁接触与交流							
3 与原材料或设备供应商进行频繁接触与交流							

（续表）

	非常不赞同	不赞同	有些不赞同	中立	有些赞同	赞同	非常赞同
4 关注客户潜在需求或积极解决客户所提出问题							
5 与大学或科研机构进行频繁的接触与交流							
6 积极参与行业协会或政府提供的座谈或培训							
7 与风险投资投资机构保持着紧密的联系							
8 与技术中介组织机构进行频繁的接触与交流							

	非常不赞同	不赞同	有些不赞同	中立	有些赞同	赞同	非常赞同
1 现有业务领域内技术更新速度较快							
2 难以预测五年后现有业务领域内的主导技术							
3 现有产品/服务市场需求变化较快							
4 现有顾客倾向于新颖的产品与服务							
5 现有业务领域内相关政策变动较快							

	非常不赞同	不赞同	有些不赞同	中立	有些赞同	赞同	非常赞同
1 我公司强调对顾客具有超越现有产品或服务范围的潜在需求的挖掘							
2 我公司强调对开发新产品或新服务的能力培养							
3 我公司善于在已有市场范围内进行新产品或新服务的测试							
4 我公司倾向于对新市场或新技术领域的开拓							

	非常不赞同	不赞同	有些不赞同	中立	有些赞同	赞同	非常赞同
1 我公司非常重视对当前"问题解决方案"的完善							
2 我公司善于通过规模的拓展最大化开发利用现有市场							
3 我公司倾向于根据顾客反馈来改进现有的产品或服务							
4 我公司善于将改进后的产品或服务引入现有市场							

与国内行业平均水平相比：	非常低	低	比较低	中立	比较高	高	非常高
1 新产品销售收入占总销售收入的比重							
2 企业年均新产品推广数							
3 企业年均专利申请数量							
4 企业推出新产品速度							

作者简介：

郭尉，女，1988 年 8 月生，博士，毕业于西南财经大学，企业管理专业，研究方向为组织理论与企业经营管理，现任青岛科技大学讲师。

代表性学术研究：

【1】独立作者，创新开放度对企业创新绩效影响的实证研究，《科研管理》，已录用，影响因子 2.6770，CSSCI、核心期刊

【2】独立作者，知识异质、组织学习与企业创新绩效关系研究，《科学学与科学技术管理》，已录用，影响因子 2.0730，CSSCI、JST、核心期刊

【3】第一作者，我国财产保险公司经营效率改善潜力来源——基于非参数共同前沿分析框架，《保险研究》，2015 年 9 月，影响因子 1.939，CSSCI、核心期刊

【4】第一作者，3rd International Conference on Economics and Social Science，Paris，France，Advances in Education Research，An Empirical Study on Managerial Cognition and External Knowledge Search's Influence on the Performance of Enterprise，2015 年 12 月；CPCI-SSH 检索

2011 年 9 月—2013 年 9 月参与甘肃省高等学校社科课题——甘肃省互联网信息传播及提高舆论引导力对策研究

企业实践：

2013 年 10 月—至今　为四川省著名企业全友家私、米老头食品、益民生鲜超市的提供上市咨询服务；

2016 年—至今　佳龙集团项目顾问

图书在版编目(CIP)数据

管理者认知视角下企业开放式创新效果研究/郭尉著.
—上海:上海三联书店,2020.

ISBN 978-7-5426-7073-1

Ⅰ.①管… Ⅱ.①郭… Ⅲ.①企业创新—研究—中国
Ⅳ.①F279.23

中国版本图书馆 CIP 数据核字(2020)第 098139 号

管理者认知视角下企业开放式创新效果研究

著　　者　郭　尉

责任编辑　钱震华
装帧设计　陈益平

出版发行　上海三联书店
　　　　　中国上海市漕溪北路 331 号
印　　刷　上海昌鑫龙印务有限公司

版　　次　2021 年 1 月第 1 版
印　　次　2021 年 1 月第 1 次印刷
开　　本　700×1000　1/16
字　　数　200 千字
印　　张　13.75
书　　号　ISBN 978-7-5426-7073-1/F · 810
定　　价　68.00 元